管理会計の基本・経営改善のポイント

公認会計士
和田 正次 著

税務研究会出版局

はじめに

会計知識で構築する財務会計、経営思考で解く管理会計

会計には大きく財務会計と管理会計があります。社会人の方々に「２つの会計のうちどちらを学びたいですか」と問えば、管理会計を選ぶ人が多いでしょう。仕事をする上で、決算書を作成して開示をするための財務会計を必要とする人は限られていますが、管理会計は経営管理のための会計ですから、経営現場で働く全社員に必要とされるからです。現実に著者が講師をさせていただく管理会計をテーマとするセミナーでは、会計以外の部門の方々のご参加が半数以上であることもめずらしくありません。

さらに、管理会計を学びたいと考える人が多い理由に、学ぶ楽しさがあります。財務会計には守るべきルール（基準）があり、そのルールを知識として習得することが必要です。一方、管理会計には守るべきルールはありません。自由です。

管理会計で扱う内容は日々の業務の中で生じている身近なことが中心です。管理会計を学ぶことには、日頃から疑問に感じていたことに対する謎解きのような楽しさがあるのです。

たとえば以下の７つの疑問に対してどう答えるか。

・黒字なのに資金繰りが苦しくなるのはなぜですか

・忙しいから人を増やしたいが、その前に注意すべき点はありますか

・在庫を増やすと資金繰りが悪くなるのはなぜですか

・利益とキャッシュフローではどちらが重要なのでしょうか

・経営にプラスになる借入金とならない借入金があるのですか

・企業価値が向上すると社員にどんなメリットがあるのですか

・会社にとって十分といえる利益はいくらでしょうか

これらの回答に必要なのは、会計の基礎知識と経営思考です。

本書を読んでいただいた後に、ここに戻ってきていただき、７つの疑問の答えをご自身で導き出してください。

管理会計を学ぶことは経営を学ぶこと

会社の日常業務から数字がなくなることはありません。数字は決算書の作成にも使われますが、多くは経営管理のための管理会計情報として利用されています。

数字から良い情報と悪い情報を自分で見つけ出せるようになると、経営者や経営幹部になる資質が身についたことになります。良き経営者は会計の達人であり、経営における管理会計の重要性を知っています。情報を分析して効果的な戦略を立てるのが、経営者や経営幹部の仕事だから当然です。

本書では、説明と図表を基本として主に見開き２頁で解説しています。身近な事例やケーススタディも多く取り入れ、より実践的な内容として読者の皆さまのお仕事にすぐに活用していただけるように配慮しました。また高度で難解な知識や技法ではなく、会社の規模を問わず（中小企業にとっても）必須の管理会計の基本を習得していただくことを目的として執筆しました。

本書の内容のレベルは中堅企業の最高財務責任者（CFO）が知っておくべき管理会計の基本です。このレベルは多くの会計関連部門の担当者や職業会計人の方々にとって、すでに習得された会計の知識と経験、そして計数感覚（センス）を管理会計のアレンジを加えながら磨き上げることで身に付けることが可能であると考えています。

本書を通じてあなたの会社とあなた自身の成長に少しでもお役に立てれば幸いです。

最後に、本書の出版に際しては、税務研究会出版局の知花隆次氏、若井麻理子氏を始め同社の多くの方に大変お世話になりました。心より感謝申しあげます。

2018年11月

和田 正次

◆目　　次◆

第1章　管理会計の基礎

第2章　収益性分析

第3章　安全性分析と付加価値分析

第４章　短期利益管理

第5章　キャッシュフロー業績管理

第6章　経営計画の立て方

第7章　予算の実行・管理

第8章 設備投資の採算評価と投資意思決定

第9章 ケースで学ぶ戦略的意思決定

第10章 管理会計からの企業価値向上（管理会計からコーポレートファイナンスへ）

第1章

管理会計の基礎

管理会計とは……

未来の業績を生み出すための会計

1　管理会計は会計専門外の人も学習している

会社の社長から「財務会計と管理会計の違いは何か」と質問されたら、皆さんはどのように答えますか。

財務会計は、企業外部の利害関係者に対して、情報提供するための会計
管理会計は、企業内部の経営管理者に対して、情報提供するための会計

正しい回答です。ただし、これは会計を専門としている人、すなわち情報提供する立場からの説明です。情報の提供を受けて、利用する立場も考慮して財務会計と管理会計の違いを説明すると別の回答もできそうです。

財務会計は、現在の会社の業績を明らかにするための会計
管理会計は、未来の会社の業績を生み出すための会計

管理会計の実践は、全社で取り組むものであり、会計を専門とする部門の人だけが理解できれば済む話ではありません。

会社の業績はどのように生み出されるのか、損失を防ぐためにはどんな点に注意が必要で、どのように判断し、行動すれば良いのか、管理会計の情報は経営現場で利用する全社員の理解が不可欠です。

そして現実に多くの会計専門外の方々が管理会計の知識と実践力を身に付けようと、管理会計のセミナーに参加されています。

会計を専門とする我々にとって、管理会計のスキルを高めるだけではなく、「管理会計を説明し、指導する」役割も期待されています。

財務会計と管理会計の違いと役割

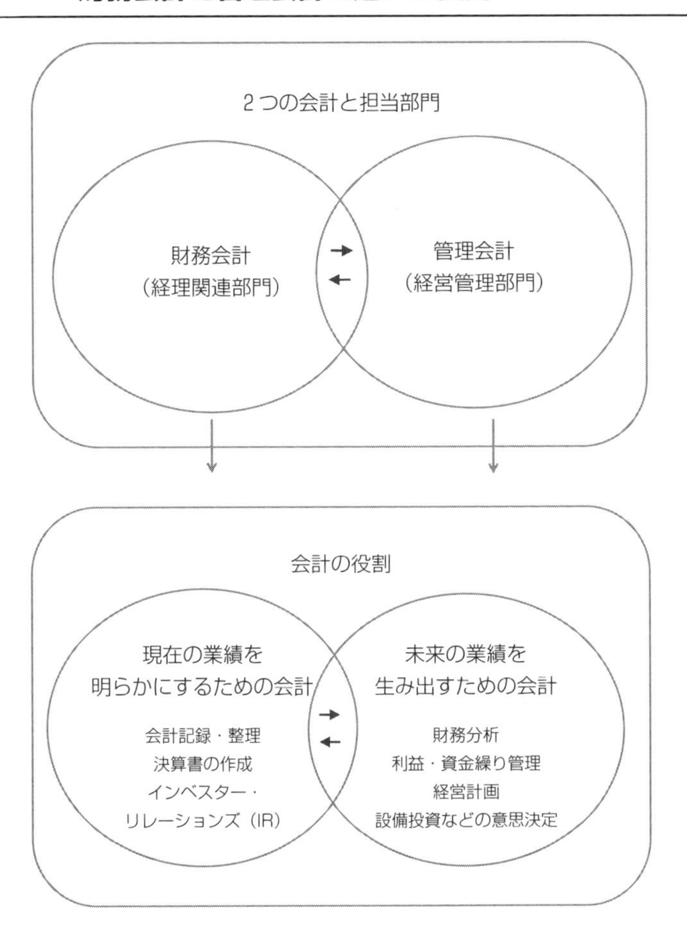

提供された情報の主な利用者

財務会計：株主、債権者などの利害関係者

管理会計：経営判断、実践を求められる経営管理者

→正しい判断、実践のための的確な説明が期待されている

2　管理会計の全体図と各管理領域

管理会計をひとつの大陸としてとらえてみると、４つの領域に分けることができます。

右頁の図のように左から順に、「現状分析」、「日常的業績管理」、「短・中期目標管理」、そして「戦略的意思決定」の各エリアです。

「現状分析」は、現在の経営状態を分析し、経営の強みを活かし、課題を解決するための管理会計エリアです。未来の業績を生み出すためにも、現在の会社の現状を確認しなければなりません。目的は分析の結果をふまえ、より良い将来の業績を生み出すことです。

「日常的業績管理」は、現在を起点にして主に１年以内の短期未来における利益とキャッシュフローの業績管理を行います。利益を守り、増やすための利益管理の実践、さらに企業が新たに生み出したキャッシュ、フリーキャッシュフローの成長を目指します。管理会計としてもっとも出番が多く、すべてのビジネスパーソンが知っておくべきエリアです。

「短・中期目標管理」は管理会計での定番メニューです。利益構造を分析したうえで年間の予算や利益目標を設定し、営業環境の変化に柔軟に対応しながら中期経営計画の確実な達成を目指します。

「戦略的意思決定」では、遠い将来（長期未来）にまで影響を及ぼす設備投資やＭ＆Ａ、さらには組織再編など、経営者の意思決定に有用な情報を提供する管理会計エリアです。一般に戦略的意思決定は、日常的業績管理とは異なり、出番（頻度）は多くありませんが、金額の規模が大きい案件が多く、また意思決定の結果が影響する期間は長期にわたり、経営への影響もきわめ

管理会計の全体図と管理領域

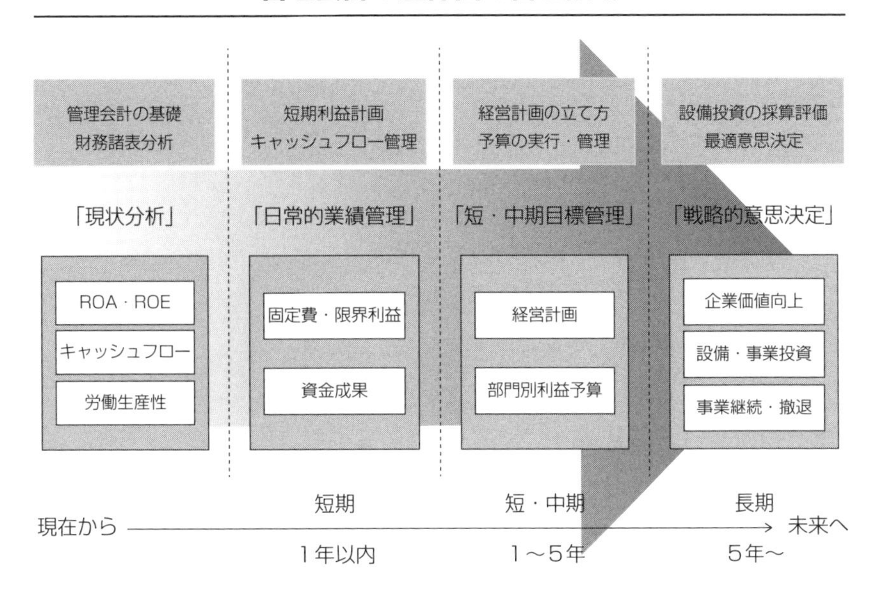

て大きくなります。

未来志向の管理会計、図の真ん中に描かれた大きな矢印は時間軸です。左から右へと時間が流れていきます。４つの領域すべてをしっかりと守り、時に攻めてこそ、持続可能で望ましい会社の未来を描くことができます。

第2章

収益性分析

もっとも重要な経営指標は何か……

資産利益率（ROA）

1　もっとも重要な経営指標は何か

❶　もっとも重要な経営指標はROA（資産利益率）

「会社の目標とすべき、もっとも重要な指標は何か。」

この基本中の基本ともいえる問いに対する答えは、管理会計の第一歩を踏み出す上できわめて重要です。望ましい経営が行われているかどうか、目標とする指標が明確になっていなければ、目指すべき方向が定まらないからです。

企業経営で目標とすべきは収益性の向上です。企業の投資・財務活動は企業収益によって支えられているのであり、収益は企業活動の源、エネルギーです。収益性を分かりやすく伝えるとすると、「効率的に利益を生み出す力」といっても良いでしょう。その収益性を示すもっとも重要な経営指標が「資産利益率」です。この指標は利益を資産で割って求めます。

ところで、「収益性は売上高利益率（たとえば営業利益率）で見ているのだけど、それではダメなの？」と疑問に思われる方もいるでしょう。ダメではありません。売上高利益率は、利益を生み出す力を示す指標のひとつです。しかし、収益性を売上高利益率で見ているという方であっても、実際には収益を生み出す上での資産効率も重視しているハズです。たとえば「在庫は増えすぎないように、売上を確保するための必要最小限度に抑えよう。」「設備投資は採算性を十分にチェックしてから実行しよう。」等の声が経営現場でかかることは、利益を上げるために必要なお金やモノを効率的に使用することを重視している証拠です。そうであれば、売上高利益率に資産効率を加味した資産利益率こそが経営現場の求めている収益性の指標となります。

売上や利益を生み出すには在庫や設備といった経営資源が必要です。これ

収益性（資産利益率）＝「売上高利益率＋資産効率」

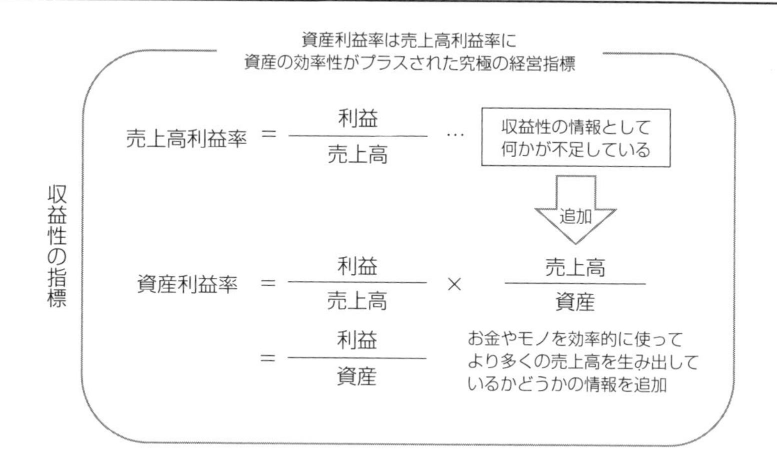

らの経営資源は無制限に使えるわけではありません。利益を分子に、資産を分母にして算出する資産利益率は、会社の経営資源（分母）を有効に使って、より多くの成果（分子）を獲得するという、企業経営の原理・原則に則った普遍の指標、すなわちもっとも重要な経営指標なのです。

収益性分析では、この指標について元手を意識して資本利益率として解説される場合がありますが、本書では資産利益率と記述します。その理由は、会社内部の方々にとって"資本"は抽象的な概念であり、具体的にどのような行動を起こせば収益性の向上につながるのか分かりにくく、むしろ日常的に管理している売掛金や在庫、設備等の資産からの資産利益率として説明する方が理解されやすいからです。

なお、資産利益率はROA（Return on Asset）と言います。

❷ 資産利益率（ROA）と資本利益率（ROE）の徹底理解

企業が利益を生み出すプロセスを図解してみましょう。利益は売上から費用をマイナスして計上されます。そこでまず売上を立てるためには資金が必要です。

資金は貸借対照表の右側で調達され、左側の資産として使われます。「すべての資産を使って、どれだけの事業利益が得られているか」という指標が資産利益率（ROA）です。ROAは会社の収益性を計る基本です。

事業利益は営業利益に受取利息及び配当金を加えて算出します。

資産は収益の獲得を目的として持たれており、事業用資産からは営業利益を、財務運用資産からは受取利息及び配当金を成果として獲得します。

すべての資産から獲得された成果が事業利益（営業利益＋受取利息及び配当金）であり、その収益性の指標がROA（総資産利益率）です。

$$\text{ROA（\%）} = \frac{\text{事業利益}}{\text{総資産}} \times 100$$

ROE（自己資本利益率：Return on Equity）は、株主からの出資額が基礎となる自己資本（純資産から新株予約権と非支配株主持分を除いた額）に対しての収益性指標です。

ROEの分子となる利益は、株主の利益となる当期純利益です。

株主の持ち分（分母）を元手として、どれだけの株主の利益（分子）を生み出したか、経営者にとっての結果責任指標とも言えます。

$$\text{ROE（\%）} = \frac{\text{当期純利益}}{\text{自己資本}} \times 100$$

資本と損益のフロー

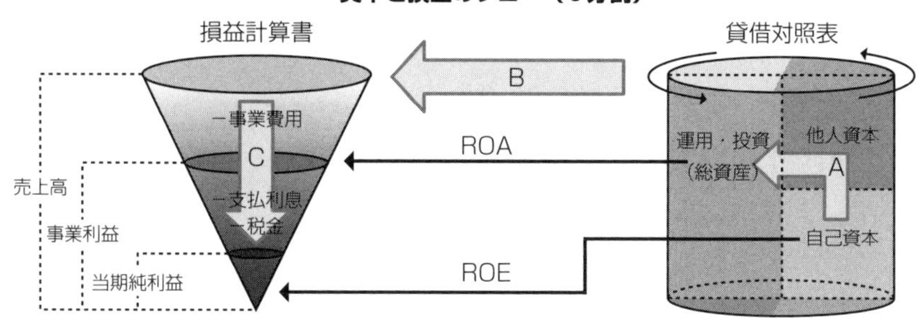

ROEを経営活動面からとらえると図中のAからCの矢印が示すプロセスに分解できます。

A）自己資本に他人資本を加えて総資本を確保します。

B）資本を効率的に資産として運用し、多くの売上高を実現させます。

C）資産の維持管理に必要な事業費用と、支払利息を最小限に抑え、最終利益である当期純利益の最大化を図ります。

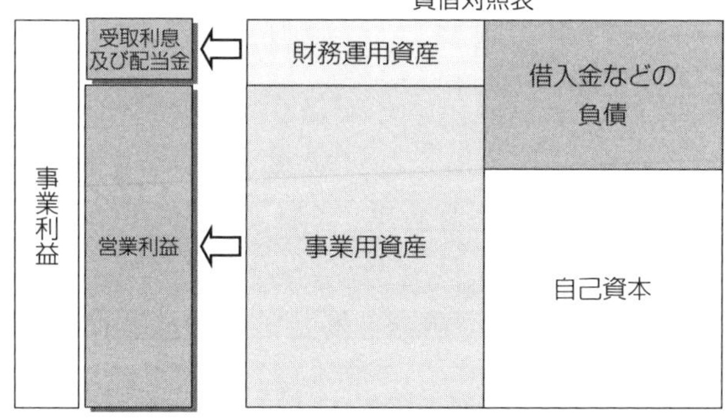

総資産（事業用資産+財務運用資産）からは事業利益（営業利益+受取利息及び配当金）を成果として獲得します。

❸ ROAとROEではどちらが重要なのでしょうか

（回答）

IR（投資家向け）情報としてはROEが重要です。一方で経営管理面、管理会計としてはROAが重要です。なお、ROEの持続的向上には、ROAの持続的成長が不可欠です。

（解説）

経営的視点で貸借対照表をながめてみると、貸借対照表の左側は成果の獲得のため使用している資産、右側は成果の獲得を支えるとともに成果の配分を受ける有利子負債と自己資本が並びます。

さて、ここで貸借対照表を左右に大きく分割し、その間に損益計算書を入れてみましょう。損益計算書を経営的視点でとらえると、すべての資産（B/S左）を使用して生み出された企業活動の成果は、図の中心に位置する事業利益に集積されることが分かります。総資産からの収益性の指標がROA（総資産利益率）です。

一方で、貸借対照表の右側は収益を生み出す資産を構成するために集められた資本（元手）です。図の損益計算書において、事業利益以降は成果の配分活動を明らかにしています。有利子負債と自己資本の提供者には、成果から借入利息を支払い、最終成果である当期純利益は株主の利益となります。株主持分となる自己資本に対してどれだけの株主利益を残せたかを見る指標がROEです。ROEは株主の立場に立った指標であり、IR（投資家向け）情報として株式公開企業の多くが重視しています。IR情報という点から、ROEは財務会計的指標といえます。それに対して、すべての資産からの収益性を示すROAは内部管理者の成果の獲得の情報という面から、管理会計的指標といえます。

成果の獲得があってこそ、十分な成果配分が可能となります。ROEの向上のためにも、成果獲得指標であるROAが経営管理における核となるでしょう。経営の目標となる、もっとも重要な指標はROAです。

経営成果の獲得と配分

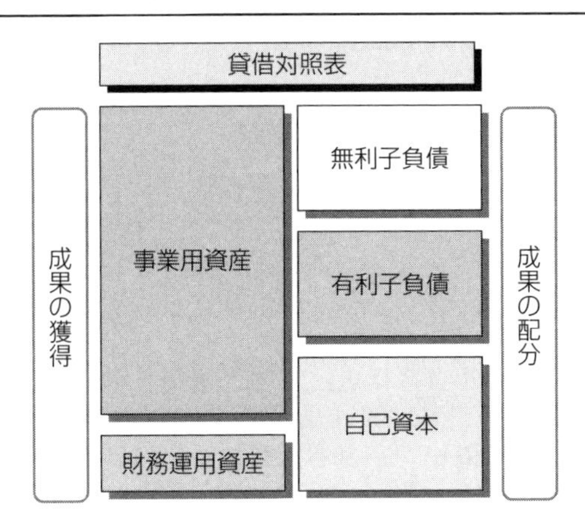
貸借対照表
成果の獲得
事業用資産
財務運用資産
無利子負債
有利子負債
自己資本
成果の配分

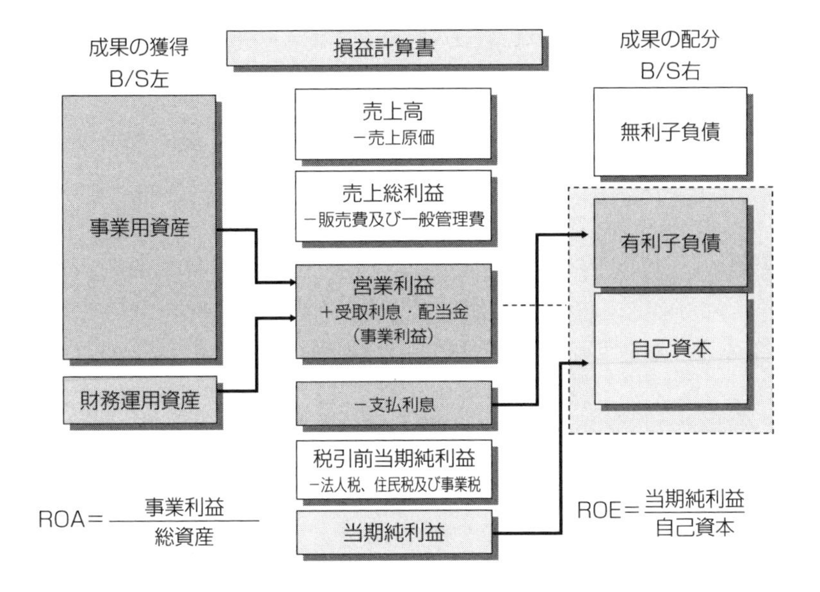
成果の獲得
B/S左
損益計算書
成果の配分
B/S右
事業用資産
財務運用資産
売上高
－売上原価
売上総利益
－販売費及び一般管理費
営業利益
＋受取利息・配当金
（事業利益）
－支払利息
税引前当期純利益
－法人税、住民税及び事業税
当期純利益
無利子負債
有利子負債
自己資本
ROA＝事業利益/総資産
ROE＝当期純利益/自己資本

❹ （ケーススタディ）借入金による店舗増設についてアドバイスしてください

ケース　借入金の利用による店舗増設

当社は東京都内で10店舗の和菓子店を営んでいます。各店舗の業績は非常に好調で、さらに４店舗を増設することを検討しています。

新たな店舗の開設資金として借入金（金利２％）の利用を考えていますが、実行しても良いでしょうか。注意点があれば、あわせてアドバイスをお願いいたします。

なお、必要な事業用資産は店内設備と敷金を中心として１店舗当たり30百万円（既存店舗とほぼ同じ）と見積もっています。

現在の既存店舗のROA（店舗営業利益／店舗事業用資産）の平均は15％で、新規店舗も同様（15％）のROAが期待できます。

（回答）

前提条件どおりであれば、右頁の図のように借入金の利用によって利益拡大が見込め、実行しても良いと考えます。ただし、前提としている新規店舗のROAは見込値であり、既存店舗の過去の店舗ROAの最低値も確認のうえ、不測の事態にも備えて意思決定してください。

（解説）

今回のケースにおいて、店舗ROAと金利の差額がプラスであることのみで、利益拡大が見込めるとして実行を促す結論にいたったわけではありません。

この回答で強調したいのは、後半の“ただし”以降のコメントです。今回の店舗増設をすべて借入資金で実行したとして、税引前利益で利益拡大が期待できることを確認しただけでは管理会計業務は完了していません。

リスクを織り込んでいないからです。リスクとは予想どおりにならない可能性のことをいいます。このケースで注意すべきリスクは店舗ROAです。

ただし、リスクがあるからチャレンジしないという経営判断はありえませ

リスクを経営判断に織り込む

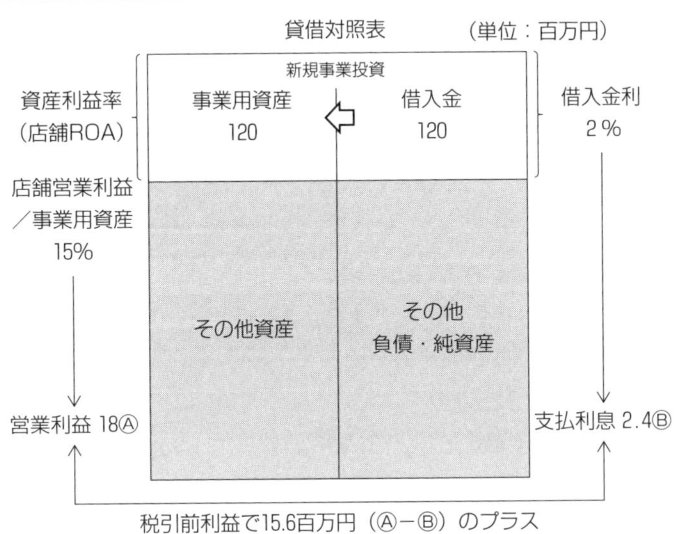

ん。リスクを経営行動にどのように織り込むかが重要です。このケースでは店舗ROA（15％）と金利（２％）の差（スプレッド）が13ポイント（％）あります。リスクをとるに値するスプレッドと評価して結論にいたったのです。

もし、スプレッドが５ポイント（％）であったら結論も変わるでしょう。

たとえば「利益拡大の可能性はありますが、不確実性を考慮すると一度に４店舗を増設するのは避けるべきと考えます。今回は１店舗を実施して、その実績を見て次の展開を考えることをお勧めします。」というように。

投資決定のカードをすべて使い切らずに、一部を温存することも投資失敗による大きな損失を避ける有効な方法です。

❺ 財務レバレッジ効果とは何を意味するのでしょうか

財務レバレッジ効果とは、ROA（r）が借入金利（i）を上回る場合に、収益獲得のために負債を増やすことでROEが高まるという効果のことです。借入金が経営の味方になる場合で、具体的には前のケース「借入金の利用による店舗増設」への回答根拠となる効果です。

右頁の算式において、（r－i）がプラスになれば、すなわちROA（＝事業利益／総資産）が有利子負債利子率を上回れば、負債の利用がROEを高めます。逆にROAが有利子負債利子率を下回れば、負債の利用がかえってROEを引き下げる要因となります。

ROA（r）が高い事業に、より低い金利（i）の資金を使うこと、すなわち財務レバレッジ効果がプラスになることによりROE向上が期待できます。

借入金が味方になる経営とは、借入金利（i）を大きく上回る収益性（r）の高い成長投資資金として借入金を利用する経営です。逆に、借入金が足かせになる経営とは、収益性（r）の見込めない赤字事業に、借入金を投入し続ける経営です。

財務レバレッジ効果

ROEの分解（３分割）

$$ROE = (1-t)\{r+(r-i)\frac{D}{E}\}$$

t：税率
r：ROA
i：有利子負債利子率
D：有利子負債
E：自己資本

（財務レバレッジ式の導出）
有利子負債：D　有利子負債利子率：ｉ
自 己 資 本：E　税率：ｔ　として、総資本は「D＋E」とします。

事業利益＝総資産（＝総資本）×ROA
＝（D＋E）×ROA　…①※
支払利息＝有利子負債×有利子負債利子率
＝D×ｉ　…②
①式から②式を引くと
「事業利益－支払利息」（税引前利益）＝（D＋E）×ROA－D×ｉ
＝E×ROA＋D×（ROA－ｉ）…③
③式の両辺をEで割ると
ROE（税引前）＝ROA＋（ROA－ｉ）×D／E　…④
④式の両辺に（１－ｔ）を乗じると
ROE（税引後）＝（１－ｔ）{ROA＋（ROA－ｉ）×D／E}

※この算式では「総資本＝有利子負債（D）＋自己資本（E)」として有利子負債の利用がROEにどのように影響を及ぼすのかを検証しています。ROE（＝当期純利益÷自己資本）の数値を求めるものではありません。

第3章

安全性分析と付加価値分析

銀行が取引先の財務安全性で重視する数値は何か……

フリーキャッシュフロー

1　財務安全性はフリーキャッシュフローでとらえる

❶　流動比率は安全性指標として完全に信頼して良いですか

流動比率は安全性指標として**完全ではありません**。資金繰り、支払能力に問題がないかどうかの安全性を見るには、キャッシュフロー分析が必須です。

会社が資金繰り面で安全かどうかをチェックする財務指標を考えてみましょう。安全性指標として最初に紹介されることが多いのが「流動比率」です。

1年以内に資金化される資産

$$流動比率（\%）=\frac{流動資産}{流動負債}\times 100$$

1年以内に返済される負債

流動比率とは、1年以内に返済される負債（流動負債）に対して、同じく1年以内に資金化される資産（流動資産）がどれだけあるかを表す指標です。たとえば、この比率が150％であれば、1年以内に返済される負債に対して、同じく1年以内に資金化される資産が1.5倍あることを意味します。この比率は高ければ高いほど安全であるとされています。

ただし、この比率は安全性指標として完全ではありません。その理由は以下のとおりです。

イ）流動比率は1年以内に返済される負債と資金化される資産の比率であり、月単位で管理（決済）される資金繰りの現実と合っていないこと。

ロ）売掛金や棚卸資産（運転資本）が増えることで流動比率は良くなるが、資金繰りにはマイナスであること。

流動比率には注意が必要

貸借対照表

資本の運用形態

流動資産

現預金

売掛金

短期有価証券

棚卸資産

その他流動資産

固定資産

流動負債

買掛金

短期借入金

その他流動負債

長期借入金・社債

その他固定負債

純資産

資本の調達源泉

この比率は、事業内容や取引慣行が反映されますので、国全体の平均値や上場会社平均などと比較しても大きな意味はなく、業種や取引慣行が似通った企業間の比較や、同一会社での数年間の時系列分析で使用するのがよいでしょう。

流動比率は高ければ高いほど安全であると考えられがちです。自社分析であれば良いのですが、取引先の安全性調査でこの比率を過信するのは危険です。

もし粉飾決算が行われていたとしたら、架空の売掛金や棚卸資産が計上され、これらはともに流動資産であることから流動比率は向上することになるからです。

貸借対照表の期末残高からだけでは、資金の動きは分かりません。

❷ 電力会社の流動比率は100%未満なのに安全なのはなぜか

流動比率は１年以内に資金化される流動資産の、同期間で返済する流動負債に対する割合です。一般的には100%以上が必要であると言われています。

さて、この表は、電力会社３社の2010年３月期と2018年３月期決算における流動比率です。

流動比率	A電力	B電力	C電力
2010年３月期（連結）	51.4%	55.0%	44.2%
2018年３月期（連結）	47.8%	49.1%	65.4%

３社とも100%を大きく下回っています。しかし、この２期間において３社の資金繰りには問題がありませんでした。

なぜ、流動比率が低くてもこの３社の資金繰りに問題がなかったのでしょうか。

その答えは、流動資産と流動負債の中身を見ると分かります。

A電力の例で考えてみましょう。

流動比率は回収資金と支払資金との比較をしていますが、資金繰りは１年単位ではなく、毎月の収支が問題となります。A電力の流動資産は、資金、またはほとんどが１ ～ ３ ヶ月以内に資金化されます。私たちは電気料を毎月支払います。一方、流動負債は数ヶ月かけて支払う借入金などが多く、毎月の返済額は流動負債額の数分の１で足ります。流動資産が少なくても安全に資金が流れているのです。回収された現預金はすぐに借入金の返済資金となりますので、流動資産は常に必要最低限になっていますし、流動負債が数ヶ月かけてゆっくり支払われるということは、言い換えれば、数ヶ月分の負債が蓄積されるということでもあります。流動比率では、お金の流れるスピードまでは分からないのです。

流動比率の数値よりも資産・負債の中身が大切

＜A電力の流動資産と流動負債＞

A電力の流動比率（2018年3月期）

（単位：百万円）

流動資産		流動負債	
現金及び預金	1,187,283	1年以内に期限到来の固定負債	1,824,498
受取手形及び売掛金	587,907	短期借入金	1,581,266
棚卸資産	160,240	支払手形及び買掛金	208,576
その他	290,725	未払税金	131,566
		その他	906,859
合計　①	2,226,156	合計　②	4,652,768

（流動資産）資金、またはほとんどが1～3ヶ月以内に資金化される

（流動負債）数ヶ月かけてゆっくりと支払われる

流動比率①／②＝47.8%

デパートや商店街などの抽選会で使われる“ガラガラくじ”をイメージしてください。

貸借対照表右側の流動負債はゆっくりと回ります。玉がたくさん入っていますが、回転が遅いため少しずつ玉が落ちてきます。

一方、貸借対照表左側の流動資産は早く回ります。玉は流動負債よりも少ないですが、回転が速いので速く玉が落ちてきます。

右は遅く、左は速いのです。

玉の入っている量（それぞれの残高）は違っていても、1分間（資金収支では1ヶ月）に落ちてくる玉の数はバランスがとれています。

流動比率は残高比較であり、その残高の変化、すなわち回転については考慮されていないのです。

財務安全性はキャッシュフローで見ることが必要です。

流動比率が100%を超えていても、営業活動によるキャッシュフローのマイナスが続いている方が、安全性においてはるかに問題となります。

❸ 資金繰りとキャッシュフロー管理の違い

(1) 資金繰り＝支払管理

資金繰りは毎月の支払準備ができているかどうかの管理です。

経常的な支払いは、経常的な収入で賄えているかどうか、また経常的な収支の余剰資金で決算や設備の支払いが賄えるかをチェックします。支払時の資金残高が特に重要となり、必要な場合は資金の調達を事前に準備します。

資金繰り表　(単位：千円)

項目		年月	202X年 4月	5月	6月	7月	8月	9月
		前月繰越高 (1)	3,600	3,240	4,210	3,380	2,780	3,090
経常収支	経常収入	現金・預金売上収入	100	100	100	100	100	100
		売掛金回収	5,480	4,480	4,350	4,920	4,890	4,730
		受取利息	0	0	0	0	10	0
		雑収入	0	20	20	0	20	20
		収入計 (2)	5,580	4,600	4,470	5,020	5,020	4,850
	経常支出	現金・預金仕入支払	60	60	60	60	60	60
		買掛金支払	3,240	2,880	2,550	2,880	2,970	2,850
		人件費	500	520	1,500	500	500	510
		その他経費	310	340	360	350	350	360
		支払利息	30	30	30	30	30	40
		支出計 (3)	4,140	3,830	4,500	3,820	3,910	3,820
経常収支 (2) − (3) ＝ (4)			1,440	770	-30	1,200	1,110	1,030
決算・設備収支	収入	固定資産売却収入						
		その他の収入						
		収入合計 (5)	0	0	0	0	0	0
	支出	固定資産取得支出			3,000	1,000		
		法人税等支払		2,000				
		その他の支出						
		支出合計 (6)	0	2,000	3,000	1,000	0	0
決算・設備収支 (5) − (6) ＝ (7)			0	-2,000	-3,000	-1,000	0	0
財務収支	調達	短期借入金		3,000			3,000	0
		長期借入金			3000			0
		収入計 (8)	0	3,000	3,000	0	3,000	0
	返済	短期借入金	1,000				3,000	0
		長期借入金	800	800	800	800	800	800
		支出計 (9)	1,800	800	800	800	3,800	800
財務収支 (8) − (9) ＝ (10)			-1,800	2,200	2,200	-800	-800	-800
翌月繰越高 (1) ＋ (4) ＋ (7) ＋ (10)			3,240	4,210	3,380	2,780	3,090	3,320

（２）キャッシュフロー管理＝資金成果と分配の収支管理

キャッシュフローは一定期間に企業が生み出した資金成果と分配の収支です。キャッシュフロー計算書をイメージして説明すると良いでしょう。営業活動による資金成果（営業キャッシュフロー）はどれだけか、またその成果から設備投資額をマイナスしたものがフリーキャッシュフロー（自由に利用・処分できる資金成果）です。

フリーキャッシュフローは、企業が一定期間内で新たに生み出したキャッシュであり、借入金の返済や配当金の支払原資になります。

キャッシュフロー計算書　（単位：千円）

キャッシュフロー計算書	
Ⅰ.営業活動によるキャッシュフロー：	
税引前当期純利益	5,360
減価償却費（＋）	0
退職給与引当金の増加（＋）減少（－）額	0
営業外及び特別損（＋）益（－）	100
売上債権の増加（－）減少（＋）額	550
棚卸資産の増加（－）減少（＋）額	0
その他資産の増加（－）減少（＋）額	0
仕入債務の増加（＋）減少（－）額	-390
その他負債の増加（＋）減少（－）額	0
役員賞与の支払額（－）	0
小計	5,620
受取利息及び配当金（＋）	10
支払利息（－）	-190
法人税等（－）	-2,000
その他	80
営業活動によるキャッシュフロー：	3,520
Ⅱ投資活動によるキャッシュフロー	
有価証券の取得（－）売却（＋）	0
貸付金の増加（－）減少（＋）	0
有形・無形固定資産の増加（－）減少（＋）	-4,000
投資等の増加（－）減少（＋）	0
投資活動によるキャッシュフロー：	-4,000
Ⅲ財務活動によるキャッシュフロー	
短期借入金の増（＋）減（－）	2,000
長期借入金の増（＋）減（－）	-1,800
配当金の支払い（－）	0
財務活動によるキャッシュフロー：	200
Ⅳ現金及び現金同等物の増加額	-280
Ⅴ現金及び現金同等物の期首残高	3,600
Ⅵ現金及び現金同等物の期末残高	3,320

2　付加価値を高め賃金上昇と利益向上を両立させる（生産性分析）

❶　生産性分析の目的と付加価値

（1）生産分析の目的

企業を運営するのはヒトであり、企業が存続・発展するためにはヒトの集合体である企業組織の活性化と成長が欠かせません。

生産性分析の目的は、企業組織においてヒトの能力開発が順調に行われ、それが現実に経営成果に結びついているか、また生産性に裏付けられた経営成果の分配が行なわれているかどうかを分析・評価することにあります。

（2）付加価値とは何か

付加価値とは、企業が事業活動を通じて新たに生み出した価値です。したがって、付加価値が効率的に生み出されていることは、生産性の高い経営が行われていることを意味します。

企業の付加価値を生み出す最も重要な生産要素は労働力（従業員）です。

（3）付加価値の計算方法

付加価値＝経常利益＋人件費＋支払利息＋租税公課＋減価償却費＋賃借料

付加価値の計算方法には控除法と加算法があります。右頁の図は加算法であり、日本銀行統計局の「主要企業経営分析」における算式です。

生産性を高め無理のない人事処遇を実現する

生産性分析の2つの目的

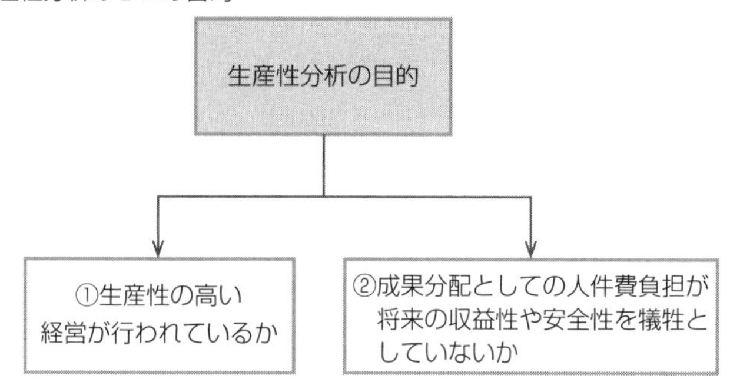

生産性は一人当たり付加価値の金額でとらえる

付加価値の2つの計算方法

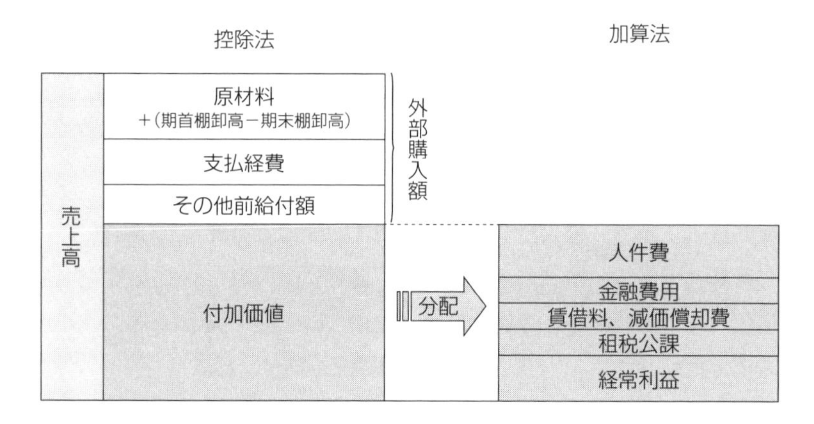

統計データとして集計される付加価値の計算としては、一般的には加算法が採用されています。

❷ 付加価値による生産性分析と賃上げの余地

(1) 労働生産性

労働生産性は従業員一人当たりの付加価値額として計算されます。

$$労働生産性（円）=\frac{付加価値}{従業員数}$$

この労働生産性が生産活動の他の要因からどのような影響を受けているのかを知るために、いくつかの要因に分けて考えることができます。要因分析には様々な方法がありますが、ここでは右頁の３つの指標に分けて分析します。

労働装備率は、従業員にどれだけの機械装置や備品（ＯＡ機器）をもたせているかを示します。労働生産性は（他の条件が変わらなければ）労働装備率を高めることで向上します。

有形固定資産回転率は、有形固定資産がどれだけ売上実現に結びついているか、一般には設備操業度を示します。有形固定資産回転率を高めることは、労働生産性の向上に貢献します。

付加価値率は、資源を無駄にせず、消費者のニーズにあった高い価値を生み出しているかどうかを示します。

(2) 労働分配率（賃上げの余地を見る）

従業員一人当たりの人件費を労働分配率と労働生産性に分解します。

この算式の両辺の増減に注目します。従業員一人当たりの人件費（左辺）の増加は、労働分配率と労働生産性（右辺）の上昇・向上によってまかなわれることになります。

労働生産性と労働分配率

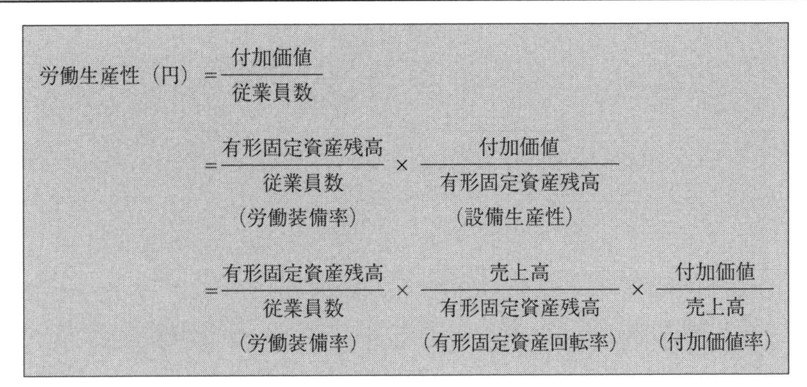

$$労働生産性（円）=\frac{付加価値}{従業員数}$$

$$=\underset{（労働装備率）}{\frac{有形固定資産残高}{従業員数}}\times\underset{（設備生産性）}{\frac{付加価値}{有形固定資産残高}}$$

$$=\underset{（労働装備率）}{\frac{有形固定資産残高}{従業員数}}\times\underset{（有形固定資産回転率）}{\frac{売上高}{有形固定資産残高}}\times\underset{（付加価値率）}{\frac{付加価値}{売上高}}$$

労働生産性＝従業員一人当たり付加価値額
　　　　　＝労働装備率×設備生産性…設備利用で生産性を高める
　　　　　＝労働装備率
　　　　　　×有形固定資産回転率…設備の操業度を向上させる
　　　　　　×付加価値率…付加価値の高い売上を実現する

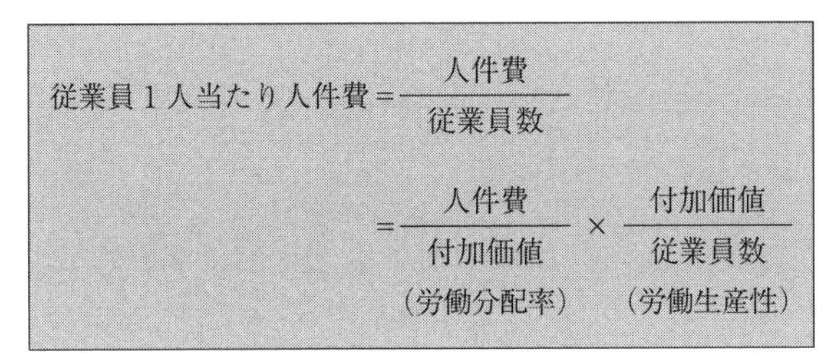

$$従業員１人当たり人件費=\frac{人件費}{従業員数}$$

$$=\underset{（労働分配率）}{\frac{人件費}{付加価値}}\times\underset{（労働生産性）}{\frac{付加価値}{従業員数}}$$

人件費の上昇は労働分配率と労働生産性の向上でまかなう
維持可能な賃上げのためには、生産性の向上をともなう必要がある

第4章

短期利益管理

大きな損を出さないために注意すべきは……

もうかっている時にこそリストラを意識する

1　利益を生み出す大きな力と赤字のリスク

❶　利益を生み出す力

損益計算書は利益（または損失）を計算する書類です。したがって損益計算書では利益を見ることがもっとも重要になります。

ただし、利益の金額だけを見るのではなく、利益が生み出される源泉となる売上高との比較を行うことが企業の収益力を見る上で重要になります。

右頁の図のA社とB社の営業利益は同じく10億円ですが、利益を生み出す力は同じではありません。

たとえば両社ともに売価１個100円の製品を売っているとします。そうすると、A社はB社の２倍の量を売らないと同じ利益にならないことになります。

B社はA社と比較して同じ売価の製品を低コストで製造・販売する力を持っていることになります。

（問題）

さて、ここで問題です。この決算期内において、もし両社の売上高が共に１億円増加していたとすると、両社の利益はどれだけ増えたでしょうか。

（解答プロセスと解説）

A社とB社の営業利益率を計算してみましょう。

A社は10%、B社は20%です。

従って、１億円の売上高の増加で増える営業利益は以下のとおり。

　A社１千万円（＝追加売上１億円×営業利益率10%）

　B社２千万円（＝追加売上１億円×営業利益率20%）

8割以上の人が間違える追加の売上と利益の関係

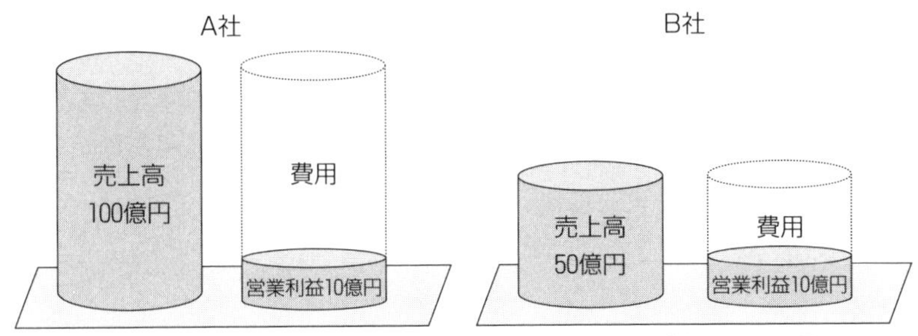

この答えは、正解ではありません。決算書だけでは答えが出せません。

正解は、「1億円の追加売上高で生み出される限界利益（売上高－変動費）」です。

ヒントとして、「会社で、あるいはオフィスで100万円の追加売上が発生したとすると、その売上による追加利益はいくらになるでしょう。」と問い直すと、正解に近い金額が出せるはずです。

現場に意識を向けると答えが出るのです。100万円の追加売上であれば原則として人件費は増えません。家賃も固定資産税も増えません。損益計算書に計上されているすべての費用がそろって増加するわけではありません。

増加するのは、売上原価と販売費の一部、売上高に連動して発生する変動費のみです。追加の売上高による利益、限界利益はとても勢いよく生み出されています。

会計事務所を例として考えてみましょう。顧問先が1件増えて年間売上高が100万円増えたとすると、いくら利益が増えるか。変動費はほとんど追加で発生しませんのでほぼ100万円がそのまま利益の増加になります。逆に売上高が100万円減少するとほぼ100万円の利益が消えます。

キャッシュフロー重視の前提は、顧客重視です。

❷ 赤字を解消する２つの方法

日本全体で黒字会社と赤字会社、どちらが多いでしょうか。

国税庁が毎年発表している「会社標本調査」では、平成28年度分調査結果（平成30年３月発表）において欠損法人が全体の63.5％となっています。このところ改善傾向にありますが、中小企業を中心に苦しい経営実態が読めてきます。

赤字から黒字にするためには何が必要なのか、簡単な設例で考えてみましょう。

先月のジュピター販売（コンビニ店を営む会社）の損益計算書は右頁のとおりです。売上高は1,000万円、費用合計は1,100万円で利益は100万円のマイナスとなりました。費用を分析すると、仕入高（＝売上原価とする）を中心に変動費が500万円、人件費や家賃を中心に固定費が600万円でした。

社内で赤字解消策を検討した結果、２つの案がでました。

①顧客を増やして売上高を100万円増やす。

②アルバイトの人数を減らし、人件費を100万円減らす。

この２つは結果が異なります。②の方法であれば赤字が消滅しますが、①の方法では売上に対する原価率が50％として、50万円の赤字が残ります。

①の方法で赤字が残るのは、売上を増やせば、そのための販売商品の仕入が増える（追加コストの発生がある）からです。

ジュピター販売の売上に対する原価率が、前月の売上高と仕入高（「仕入＝売上原価」とする）の比率と同じ50％（500万円/1,000万円）とすると、売上が100万円増えても仕入が新たに50万円増えるため、増える利益は50万円にとどまります。これでは100万円の赤字は解消できません。

赤字を解消するための２つの方法の比較

先月のジュピター販売（コンビニ店）の月次損益計算書

100万円の赤字
ジュピター販売
月次損益計算書

	金額
売　上　高	1,000万円
仕　入　高　等	-500
人件費、家賃等	-600
利　　益	-100

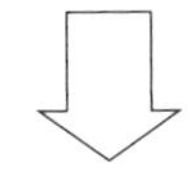

（２つの赤字解消案）

①売上を100万円増やす

50万円の赤字が残る（※１）

②人件費を100万円減らす

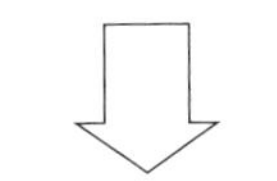

赤字解消！（※２）

※１　原価率（売上に対する仕入の比率）が50%とすると、売上を100万円増やすと仕入は50万円増え、結果的に利益は50万円しか増えません。したがって100万円の赤字を解消できず、50万円の赤字が残ります。

※２　売上や他のコストに影響しない人件費の減少は、直接的にコストを引き下げますので、100万円の人件費の削減によって赤字は解消されます。

❸ 会社が赤字になるのはなぜですか

（回答）

固定費が赤字の可能性を生じさせています。なお、会社の売上高がゼロであれば固定費の金額が赤字額となります。（会社の最大赤字額）

（解説）

会社を経営するのであれば黒字決算を望むところですが、現実に多くの会社が赤字決算になっています。なぜ会社は赤字になってしまうのか、赤字の原因を知り、その可能性を小さくすることが、黒字継続の支えになります。

さて、利益管理で注目すべきは売上高と費用、そして利益の関係です。右頁の図のヨコ軸は、生産・販売高、タテ軸は売上高や費用の金額です。

もし、図Aのように会社のすべての費用が売上高に連動する変動費であるとしたら、赤字は発生しないはずです。費用の方が多くなるような売上は計上しないからです。

しかし、実際には赤字会社が存在します。現実の売上高と費用、利益の関係は図Aとは異なっているのです。すべての費用が売上高と連動するわけではなく、売上高に連動しない費用、固定費が存在しているのです。

その固定費が赤字の可能性を生じさせています。

人件費や賃借料、減価償却費などが固定費の例です。

現実の売上高と費用、利益の関係を表しているのが図B（損益分岐点図表）です。売上高と総費用のラインに注目すると、両者が交差する点があります。ここが損益分岐点で、会社にとっての損益面での採算点です。損益分岐点を下回る売上高では赤字となり、上回れば黒字となります。

ところで、会社の最大赤字額はいくらでしょうか。最大赤字（通常の営業取引による赤字）額は売上高がゼロの時点での費用（損失）額、すなわち固定費です。

赤字の可能性はゼロにはならない

すべての費用、人件費や家賃のみならず固定資産税も変動費になるのであれば、赤字は発生しません。売れば売るほど赤字（図Aで売上高と総費用の線が入れ替わる状態）になることは避けるからです。しかし固定費のない会社は存在しません。このことは、**すべての会社にとって赤字の可能性はゼロにはならない**ことを意味しています。

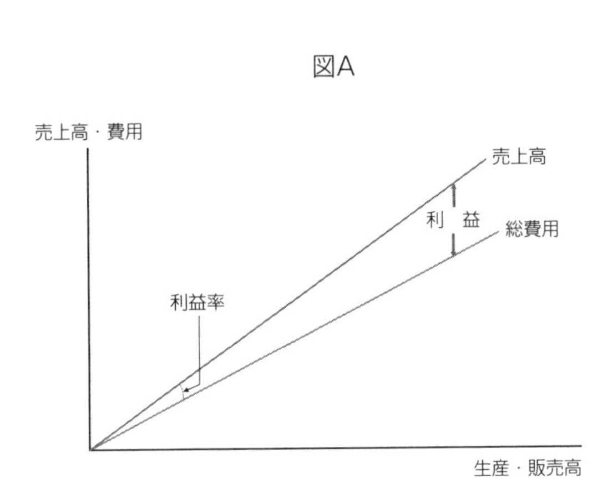

売上高がゼロの時点とは期首です。期首は損益ゼロではなく、人件費や家賃など売上高と連動しない固定費（広告宣伝費などの管理可能固定費を除く）の赤字から始まっていると考えることもできます。

現実には固定費があり、損益分岐点の位置まで売上高を増やさないと赤字になります。

図B（損益分岐図表）

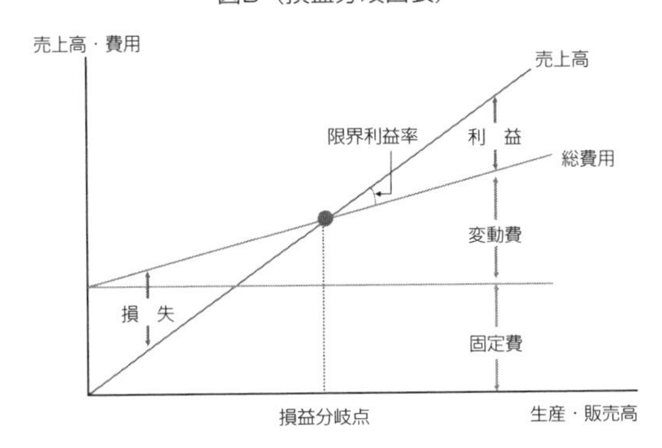

❹ （図解）利益が生まれる仕組み

固定費が赤字の可能性を生じさせているとしても、固定費の多い会社に赤字が多いわけではありません。たとえばトヨタ自動車のように巨額の固定費が発生していても２兆円を超える連結営業利益を生み出すこともあるのは、固定費を吸収して黒字を生み出すことに貢献する利益の存在があります。限界利益です。

右頁の図は利益が生まれるしくみを示したものです。

図の左側では固定費をゼロより下に期首の赤字として描いています。固定費を覆っているのが限界利益です。限界利益は売上の都度、変動費を差し引いた金額として生み出され、固定費を吸収していきます。図では限界利益が固定費を上回っており、その上回った部分が利益です。私たちが決算書で見る利益を管理会計の視点で説明すると、固定費を上回る限界利益（すなわち損益分岐点を超えた後の限界利益）となります。

ここまでの利益管理の内容は、社内のすべての方に理解していただく必要があります。どのように説明すれば良いか、以下はその説明例です（聞き手が固定費と限界利益の意味が理解できていることを前提とします）。

説明例：

「新年度に入った現在は、各事業部において損益ゼロではなく、予算に組み入れた固定費相当額の「赤字」からスタートすると考えてください。限界利益が生み出されるのはこれからだからです。

固定費を上回る限界利益が確保できれば黒字になります。会社が目標とする全事業部の黒字化の実現には、各事業部で固定費の効率的な活用・管理を徹底し、そのもとで限界利益をできる限り多く生み出していくことが必要です。」

限界利益は利益を生み出す頼もしい味方

固定費VS. 限界利益→限界利益が上回れば黒字！

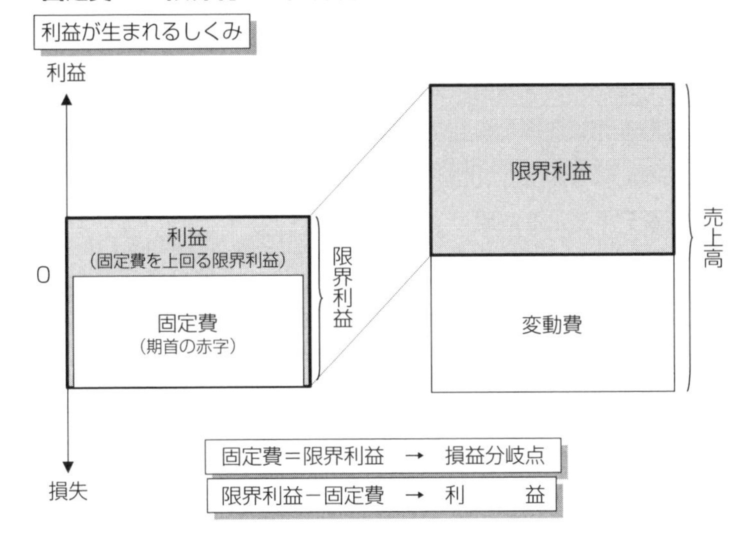

（固定費管理の留意点）

人の採用や設備の購入は事業部門の固定費を増やします。固定費を上回る限界利益が継続的に生み出せるかどうかを常に意識し、固定費の発生を管理しましょう。固定費の発生は継続する傾向があります。そのため、限界利益も継続して生み出されることが必要なのです。固定費は利益成長に必要ではあるものの、一度発生させると後から削減することが困難なコストです。固定費の発生に関して特に注意していただきたいことは次の２点です。

①原則として一度に大きな金額を発生させないこと

②固定費発生の決断の前に、長期的な視点で採算が確保できるかどうかを強く意識すること

❺ 売上を増やしても利益が減る場合があるというのはホントですか

（回答）

ホントです。一般には売上が増えると利益も増えますが、その際に固定費を大幅に増やしてしまうと利益が減る場合もあります。

（ケーススタディによる解説）

ORJ株式会社は会計及び人事業務ソフトを開発・販売する中堅企業です。コスト管理を徹底し、このところの会社の業績は好調です。

図１は前期の会計データから作成した損益分岐図表です。前期の売上高は「A」の位置で、矢印で示した部分が前期の利益です。

会社はさらなる売上高の増加を目指したいと考え、今年度の事業戦略として、２つの案を検討しています。

ひとつは、既存の設備・人員で経営規模の拡大はせず、既存顧客内での当社販売シェア拡大を目指す戦略です。図２はこの戦略を実行した場合の当期の予想損益分岐図表です。規模拡大をしないため追加の固定費の発生もないものとして売上高を「B」の位置まで増やせた場合、矢印で示した部分が当期の予想利益です。図１の利益よりも増加します。

さて、別の案は、営業拠点を拡大し、新規顧客の開拓によって業界内での当社販売シェア拡大を目指す戦略です。図３はこの戦略を実行した場合の当期の予想損益分岐図表です。設備や人員の規模拡大による追加の固定費が発生するため、売上高を「B」の位置まで増やせた場合でも、当期の予想利益は図１の前期の利益よりも減少してしまいます。

売上の増加を利益の増加につなげるためには条件があります。

固定費の増加を上回る限界利益の増加が継続すること。

事前に図の状態での２つの案を比較分析すると、図２となる戦略を実践することとなるでしょう。

固定費のバーを上げるときには特に注意を！

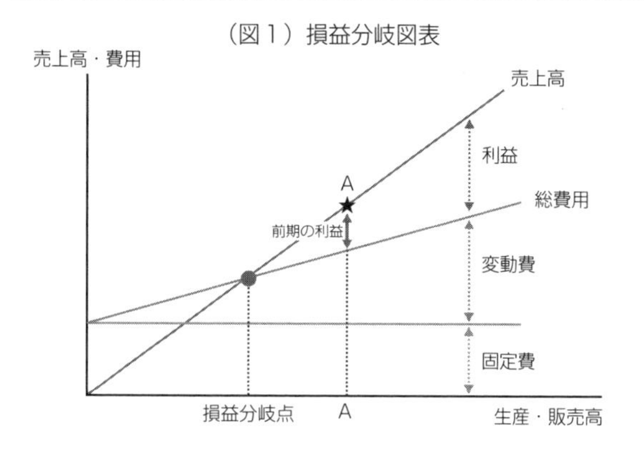

「A」前期の売上高
Aと総費用の間の矢印の部分が前期の利益

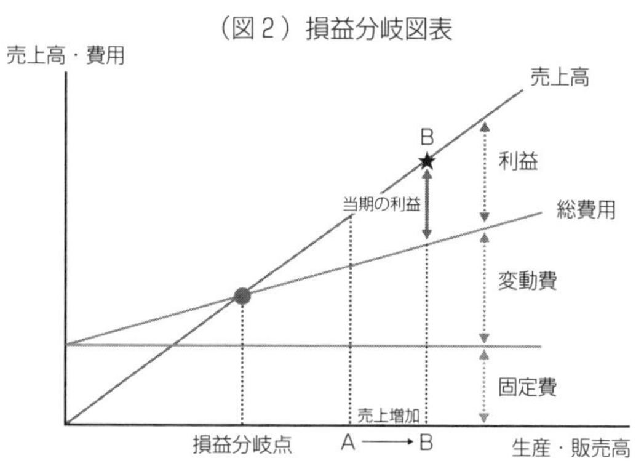

追加の固定費の発生ナシの場合：
「B」当期の予想売上高
Bと総費用の間の矢印の部分が予想利益
▽
前期よりも利益増加

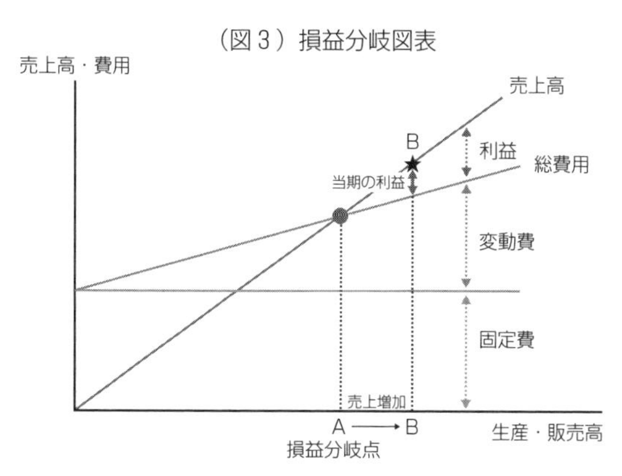

追加の固定費の発生アリの場合：
「B」当期の予想売上高
Bと総費用の間の矢印の部分が予想利益
▽
前期よりも利益減少

2　財務会計と管理会計の利益の違い（計算プロセスと表示方法）

❶　財務会計の利益計算と管理会計の利益計算は違うのですか

（回答）

営業利益の計算をする場合を例とすると、営業利益の金額は同じですが、利益計算のプロセスに違いがあります。

（解説）

「**1-❶　利益を生み出す力**」のケースにおいては、A社とB社の売上高が1億円増えていた場合の増える利益は具体的にいくらになるでしょうか。

A社のケースで考えてみましょう。A社の売上高は100億円、営業利益は10億円でした。売上原価と販売費及び一般管理費の合計は90億円です。右頁の**財務A**は売上原価率を60%と仮定した財務会計での損益計算書です。財務Aでは1億円（100百万円）の売上高を追加計上できた場合における増える営業利益は明らかになりません。追加の売上高で売上原価や販売費及び一般管理費がどのように変化するかが分からないからです。

右頁の**管理A**は売上原価と販売費及び一般管理費を変動費と固定費に分解した損益計算書です。売上高に対する変動費の比率を変動費率（75%）、限界利益の比率を限界利益率（25%）と言います。限界利益率＝1−変動費率です。管理Aによって変動費と固定費に分解することで、固定費の増加がなく、100百万円の売上高の追加があったとすると営業利益は25百万円増えることが明らかになります。

さて、A社の損益分岐点、すなわち営業利益がゼロとなる売上高はいくらでしょうか。注目点は限界利益です。固定費と限界利益が同じ（1,500百万円）になる時に営業利益はゼロとなります。限界利益1,500百万円の時の売上高は6,000百万円（＝1,500百万円／限界利益率25%）が損益分岐点です。

管理会計は追加売上と増加利益の関係を明らかにする

財務A　（単位：百万円）

	金額	変化額
売　上　高	10,000	100
売　上　原　価	6,000	?
売　上　総　利　益	4,000	?
販売費及び一般管理費	3,000	?
営　業　利　益	1,000	?

財務A　（単位：百万円）

	金額
売　上　高	10,000
売　上　原　価	6,000
売　上　総　利　益	4,000
販売費及び一般管理費	3,000
営　業　利　益	1,000

6,000　1,500　1,500

管理A　（単位：百万円）

	金額	比率	変化額
売上高	10,000	100%	100
変動費	7,500	75%	75
限界利益	2,500	25%	25
固定費	1,500	-	-
営業利益	1,000	-	25

営業利益が1,000百万円生み出されているのは限界利益が固定費を1,000百万円上回っているからです。

具体的な利益計算のアプローチの違い

財務会計の利益計算＝売上高－（売上原価＋販売費及び一般管理費）
＝10,000－（6,000＋3,000）
＝1,000

管理会計の利益計算＝限界利益－固定費（＝損益分岐点における限界利益）
＝予定売上高×限界利益率－損益分岐点売上高×限界利益率
＝（予定売上高－損益分岐点売上高）×限界利益率
＝（10,000－6,000）×25%
＝1,000

管理会計の利益計算において

「（予定売上高－損益分岐点売上高）」は損益分岐点を超える売上高

「（予定売上高－損益分岐点売上高）×限界利益率」は損益分岐点を超えた後に生み出された限界利益

❷ 図解：財務会計の利益計算と管理会計の利益計算の違い

財務会計の利益は売上高から費用を差し引いて計算します。

右頁の損益分岐図表において、今期の売上高がヨコ軸の（X）の位置まで予定されている場合、利益は（X）の位置での売上高から変動費と固定費（財務会計では変動費と固定費に費用分解されていませんので実際は売上原価と販売費及び一般管理費）を差し引いて計算されます。

利益をタテに見る、これは財務会計での利益のとらえ方です。

もう１つの利益のとらえ方は、ヨコ軸の損益分岐点と今期予定される売上である（X）までのヨコの差額に限界利益率をかける方法です。

利益をヨコに見る、これが管理会計（利益管理）での利益のとらえ方です。利益管理では利益を左右する要素（ヨコの動き）に注目します。

財務会計は売上と費用の２つの要素で利益が決定されるのに対し、管理会計では３つの要素に分解して利益を守り、増やします。

利益を左右する３つの要素は、予定売上高（A）、損益分岐点売上高（B）、そして限界利益率（C）です。利益は（A−B）がプラスになってはじめて生み出されます。

売上がいくら増えても、（A−B）がマイナスになると黒字にはなりません。利益回復のためにどこから攻めるか。順番はとても大事です。特に赤字が続く会社にとって利益回復の守るべき順番は（B）→（C）→（A）です。

ところで、この算式はとても重要なメッセージを発しています。「損益分岐点を超えた売上高（A−B）が、そのまま利益になるのではない。損益分岐点を超えた限界利益（A−B）×（C）が利益になる。」

さらにもうひとつのメッセージ。「カッコの中の２つは同じ“売上高”という名前が付いているが、（A）は下がりやすく、（B）は上がりやすい（下がりにくい）。すなわち利益は下がりやすく、努力なくしては上がらない。」

赤字会社が多いということは当たり前のことが理解されていないからなのかも知れません。

財務会計はタテ、管理会計はヨコで利益を計算する

（利益を）財務会計はタテに見る、管理会計はヨコに見る

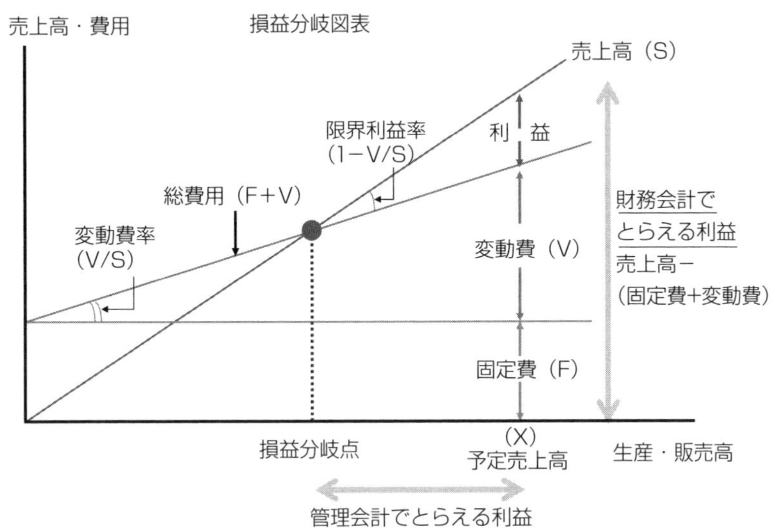

※利益を決める３つの要素

予定利益＝（予定売上高−損益分岐点売上高）×限界利益率
（A）　（B）　（C）

3　固変分解はズバリこうやる！

❶　3つの固変分解

固変分解について、実務家の方から、①「変動費と固定費は、どのように分けたら良いのでしょうか。」と、②「固変分解について、現状でこのように行っているのですが、他に良い方法はありますか。」の2通りの質問を受けます。どちらの質問が多いかというと圧倒的に①です。そこで、最初に①の質問をされる方のために、手間を掛けずに簡単にできる固変分解を解説します。

続いて②の質問をされる方、あるいははじめての固変分解ではあるけれど多少の手間がかかっても、より合理的で社内でも説明可能な固変分解をしたい方を対象とした固変分解を解説します。

(1) 費目別精査法

もっともシンプルで手間もかからない固変分解方法として、費目別精査法を紹介しましょう。

この方法は過去の経験にもとづいて、売上高に連動する費目を変動費に、連動が見られない費目を固定費に分類する方法です。たとえば卸・小売業の場合、売上原価や販売手数料は変動費、人件費や減価償却費、租税公課は固定費というように直感的かつスピーディーに分類します。売上高との連動の有無が明らかな費目について手間を掛けずに分類できる利点がありますが、売上高と連動する部分と連動しない部分をともに有する費目の分類については担当者の主観が入ります。

担当者の主観によって固変分解の結果が異ならないように、あらかじめ社内で費目分類のルールを作っておくと良いでしょう。

費用科目ごとに固変分解

損益計算書　（単位：千円）

勘定科目	当期合計	費用分解 変動費	費用分解 固定費
[売上高]	95,334		
[売上原価]	33,049	25,117	7,932
売上総利益	62,285		
[販売費及び一般管理費]	55,021		
給料手当	18,084		18,084
雑給	1,944		1,944
賞与引当金繰入	4,000		4,000
退職給付費用	1,280		1,280
法定福利費	2,710		2,710
福利厚生費	420		420
旅費交通費	2,356		2,356
通信費	1,011		1,011
荷造運賃	3,483	3,483	
交際接待費	807		807
会議費	606		606
水道光熱費	814		814
消耗品費	3,329		3,329
販売手数料	2,522	2,522	
地代家賃	5,488		5,488
減価償却費	3,048		3,048
雑費	3,119		3,119
営業利益	7,264	31,122	56,948

販売費及び一般管理費のうち

変動費	荷造運賃　販売手数料
固定費	変動費以外のすべて

製造原価報告書　（単位：千円）

勘定科目	当期合計	費用分解 変動費	費用分解 固定費
材料費	21,900	21,900	
労務費	5,600		5,600
経費	5,773		
外注加工費	2,156	2,156	
動力費	1,246	1,246	
ガス・水道料	79	79	
減価償却費	1,256		1,256
租税公課	389		389
賃借料	161		161
保険料	230		230
雑費	256		256
当期総製造費用	33,273	25,381	7,892
構成比率（%）	100%	76%	24%

この固変比率で売上原価を按分

製造費用のうち

変動費	材料費　外注加工費 動力費　ガス・水道料
固定費	変動費以外のすべて

上記は製造業のサンプルデータによる固変分解の一例です。

図にあるように、製造費用と販売費及び一般管理費の費目を変動費と固定費に分解します。売上原価と製造費用は仕掛品や製品在庫の影響により一致しませんが、この方法では、売上原価のうちの変動費と固定費は、製造費用における変動費と固定費の割合と同じであるとみなしています。従って、期首・期末の仕掛品と製品に含まれる変動費と固定費の割合も、製造費用における変動費と固定費の割合と同じとみなしていることになります。現実には材料（変動費）の投入のタイミングにより仕掛品と製品の固変割合は異なりますので、あくまで簡便法です。

（2）ハイブリッド法（費目別分解法・最小自乗法の併用法）

「費目別精査法で固変分解をしているのですが、どちらにするか迷う場合（費目）があります。社長に説明する場合も考えて、より合理的で説明可能な方法はありませんか。」

これは費目別精査法で固変分解を実施している多くの方が持つ悩みだと思います。対処法としてハイブリッド法をご紹介します。

ハイブリッド法は、最初に変動費または固定費であることが明らかな費目を費目別精査法で固変分解し、その後に残った費目を最小自乗法（統計的手法）で固変分解する方法です。

たとえば荷造運賃について、外部への出荷以外に社内での書類の定期配送のような固定的に発生する運送費が含まれている場合、すべてを変動費とすることは不合理です。このような費目については、以下のような方法により固変分解を行います。

右頁の表とグラフは売上高と荷造運賃との発生データから統計的手法により変動費と固定費に分解したものです。グラフはエクセルやその他の表計算ソフトで作成できます。データはグラフ上でプロット（点として描写）されており、プロットされた12ヶ月分のデータの分布傾向を表す回帰直線が描かれています。回帰直線は数式（回帰方程式）としても描かれており、y（タテ軸）が荷造運賃、x（ヨコ軸）が売上高です。傾きは売上高（x）が1増加する際に増加する荷造運賃（y）であり、変動費率が0.03275であることを示しています。数式の最後尾の数値30.06099（千円）は、売上高（x）がゼロの時の荷造運賃（y）、すなわち固定費です。

数式の下のR^2（アールの２乗値）は決定係数といい、数式にどれほどの説得力があるか、当てはまり度を示します。R^2が１の場合は、完全にこの数式によって説明できていることを示します。

グラフ上の数式のR^2は0.97184であり、高い精度で固変分解ができています。

なお、固定費は数式が示す固定費の12ヶ月分と同じ（361=30.06099×12ヶ月）です。

費目別分解法＋最小自乗法で固変分解

売上高と荷造運賃の月次データ
（単位：千円）

月	売上高	荷造運賃
4	8,097	294
5	7,945	290
6	8,278	298
7	8,198	299
8	7,610	275
9	7,913	293
10	8,231	298
11	8,049	294
12	8,134	298
1	7,107	263
2	7,269	270
3	8,503	311
合計	95,334	3,483

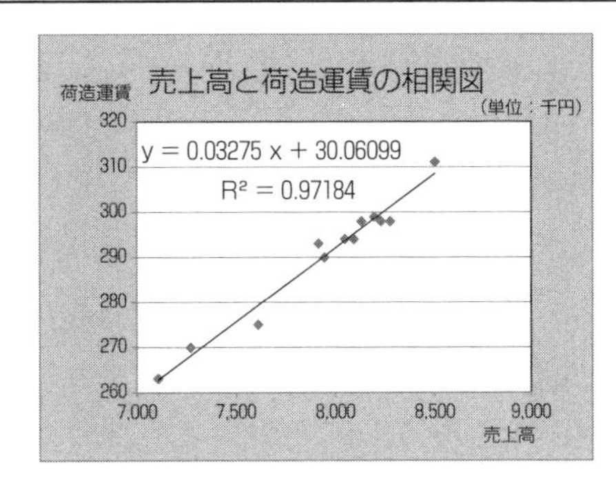

荷造運賃の固変分解（単位：千円）
　変動費=95,334×0.03275≒3,122
　固定費=3,483－3,122=361

ハイブリッド法による場合は、先の費目別精査法の損益計算書の荷造運賃の欄を以下の数値に置き換えます。

勘定科目	当期合計	変動費	固定費
荷造運賃	3,483	3,483	

⇩

荷造運賃	3,483	3,122	361

これにより、営業利益段階での変動費と固定費も以下のようになります。

勘定科目	当期合計	変動費	固定費
営業利益	7,264	31,122	56,948

⇩

営業利益	7,264	30,761	57,309

（3）営業費用一括最小自乗法

ハイブリッド法の適用を考えていると、荷造運賃以外にも“アレもコレも最小自乗法で分解しよう”と増えてくるかも知れません。そもそも費目別精査法は簡便法として手軽に分解できる利点があったのですが、手間を要する最小自乗法を追加するハイブリッド法は「手軽＋手間＝さらに手間」になります。そうであればすべての費目を一括して最小自乗法で分解する方が良いのではないかと考えても不思議ではありません。また、営業費用（売上原価＋販売費及び一般管理費）全体をまとめて一括処理するので、製造業での製造費用と売上原価との調整も要りません。営業費用一括最小自乗法で固変分解してみましょう。

全営業費用での変動費率は0.34104となり、固定費は1ヶ月当たり4,629.77718千円となりました。年間では、変動費が32,513千円、固定費は55,557千円です。

3つの方法によるサンプルデータの固変分解の結果をまとめてみましょう。

サンプルデータにおいては右頁の表（下）の固変分解結果のとおり、3つの方法で大きな差が見られませんでした。実際には大きな差が生じる場合もあるでしょう。どの方法を採用するかは各企業の判断によりますが、全費目について主観が入らずに数値の根拠を明らかにできる営業費用一括最小自乗法は効率的かつ説明可能な方法と言えるでしょう。

決定係数（R^2）が低い場合は、回帰直線から大きく外れた点の該当月次データを検証してみましょう。収益と費用が月単位でズレがなく適正に計上できているかどうか、月次データの異常値の有無の検証にもR^2値は利用できます。適正な固変分解を行う上で、R^2値はできる限り0.9以上であることが望まれます。

営業費用をまとめて固変分解

営業費用＝売上原価＋販売費及び一般管理費

売上高と営業費用の月次データ

（単位：千円）

月	売上高	営業費用
4	8,097	7,410
5	7,945	7,328
6	8,278	7,461
7	8,198	7,435
8	7,610	7,219
9	7,913	7,349
10	8,231	7,413
11	8,049	7,378
12	8,134	7,378
1	7,107	7,060
2	7,269	7,103
3	8,503	7,536
合計	95,334	88,070

営業費用＝売上原価＋販売費及び一般管理費

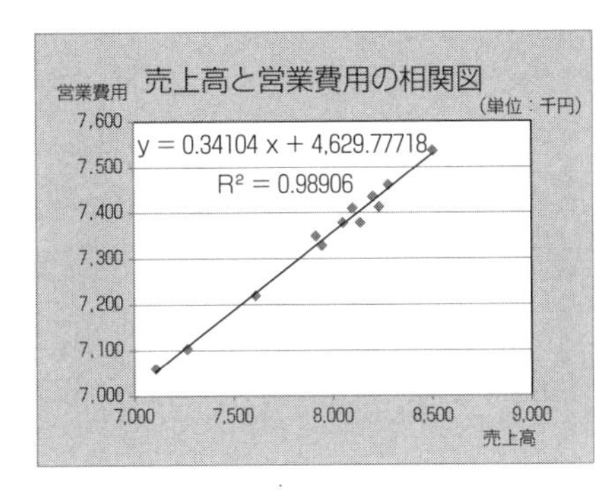

営業費用の固変分解（単位：千円）

変動費=95,334×0.34104≒32,513

固定費=88,070－32,513=55,557

固変分解結果

（単位：千円）

	変動費	固定費	R^2
費目別精査法	31,122	56,948	－
ハイブリッド法	30,761	57,309	0.97184
営業費用一括最小自乗法	32,513	55,557	0.98906

ハイブリッド法、営業費用一括最小自乗法は著者が勝手に付けた名称です。

❷ 最小自乗法によるグラフの出し方（Excel2010の場合）

最後にエクセルによる営業費用一括最小自乗法のグラフの出し方をご紹介しましょう。以下の手順で操作してください。

①売上高と営業費用の年間データの表（A）を作成し、データのエリアをドラッグします（ドラッグとは左ボタンを押したままマウスを移動させる操作です。サンプルデータでは8,097（4月の売上高）から7,536（3月の営業費用）まで移動させます。）。

②マウスから指を離して、エクセル画面の上の方に並んでいるメニューバー（ツールバー）から以下の操作をします（選びます）。

「挿入」→「グラフの散布図」

これによって（B）のグラフが出ます。

③グラフの点（どれでも良いです）のひとつを左クリックします。この状態で右クリックして「近似曲線の追加」を選びます。そうすると「近似曲線の書式設定」というウィンドウが開きます。その中で「線形近似」を選び、「グラフに数式を表示する」と「グラフにR-2乗値を表示する」にチェックを入れてウィンドウを閉じます。

これにより（C）のグラフが出ます。

これで統計的手法による固変分解の作業は完了ですが、サンプルデータの売上高の桁数は5桁ですので、数式の小数点以下の桁数も5桁にします。

数式の上で左クリック→続けて右クリック→「近似曲線ラベルの書式設定」→「表示形式」のカテゴリ→「数値」を選ぶ→「小数点以下の桁数」を5に変更して閉じる（売上高の桁数を参考にして必要に応じて増やしてください）。

サンプルデータの売上高の桁数に変動費率の小数点以下の桁数を合わせるのは、変動費の端数処理をより正確に行うためです。

3桁の場合の変動費：95,334×0.341≒32,509

5桁の場合の変動費：95,334×0.34104≒32,513

なお、タイトルを加えて、体裁を整えると（D）のグラフができます。

グラフを出すまでの手順

(A) 売上高と営業費用の月次データ

（単位：千円）

月	売上高	営業費用
4	8,097	7,410
5	7,945	7,328
6	8,278	7,461
7	8,198	7,435
8	7,610	7,219
9	7,913	7,349
10	8,231	7,413
11	8,049	7,378
12	8,134	7,378
1	7,107	7,060
2	7,269	7,103
3	8,503	7,536
合計	95,334	88,070

(B) 散布図

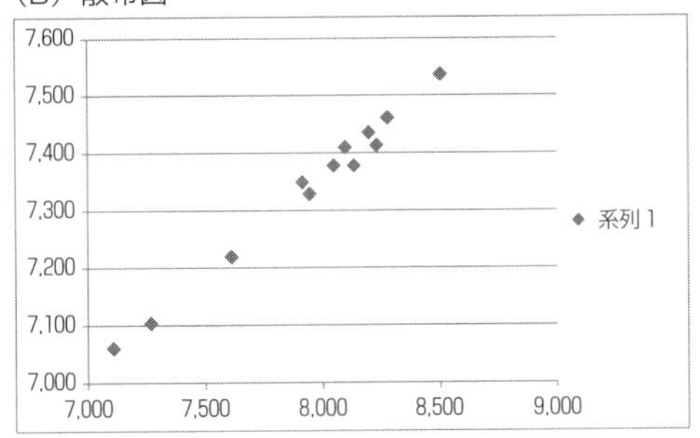

(C) グラフに数式とR^2を表示

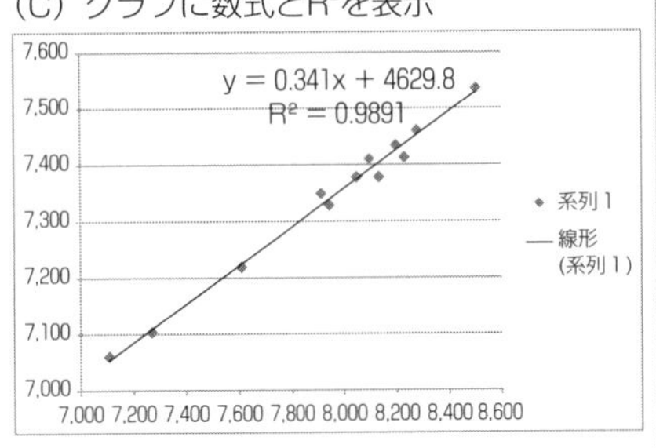

(D) グラフの完成

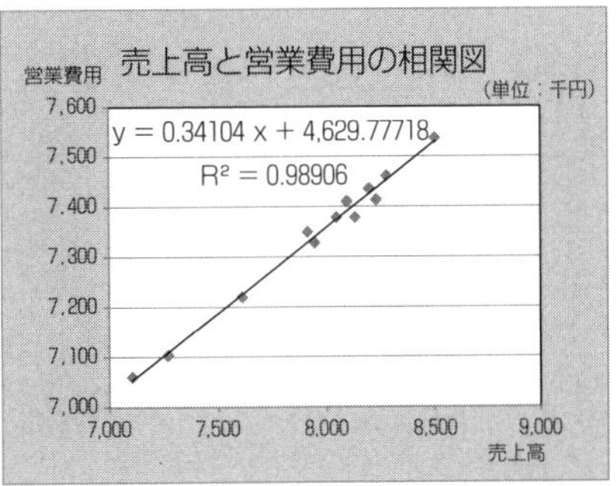

4　赤字会社は何から手を付けたら良いか

❶　赤字はピンチ、しかし赤字脱却の改善行動を引き起こす

純利益が１億円の赤字となった会社の決算説明を考えてみましょう。

「収益から費用を差し引いて１億円のマイナスとなった」

これは損益計算書の売上高から純利益までのプロセスを説明する方法です。

「会社の財産が１億円消滅した」

これが経営結果からの説明です。経営者が知るべきは結果です。

赤字とは会社財産の流出であり、会社を人の体に置き換えて例えるならば、赤字は体から血が流れ出ている状態です。赤字脱却は経営者にとって急務であり、改善行動を引き起こしやすいのは結果からの説明です。

一方で、赤字発生の可能性を完全に否定することはできません。

事実、トヨタ自動車も日産自動車も、ソニーもパナソニックも、米国のアップルも赤字を経験しています。

これらの企業は赤字となった事実を受け入れ、赤字からの再出発、事業再構築を行ってきました。赤字決算になったとしても、中・長期の視点で企業価値向上の結果責任を果たしてきたのです。

赤字会社は何から手を付ければ良いか、会社規模の大小を問わず考えたいのは、企業価値向上の視点から説明可能であり、結果責任を果たせる対策を実行するということです。

「過去よりも赤字になりにくい経営体質にする。」

これが赤字会社の最初の目標です。黒字化が見込めない場合には固定費削減、総資産圧縮による損益分岐点引下げを実施します。

一方で赤字が継続しない確信があれば、事業リスクへの対応再構築を行います。赤字になりにくい経営体質に近づけば、その結果として赤字の長期化も避けられるでしょう。

赤字会社に必要なのは行動

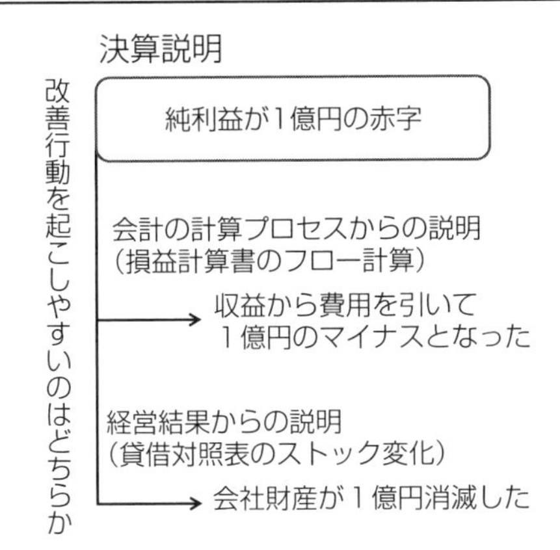

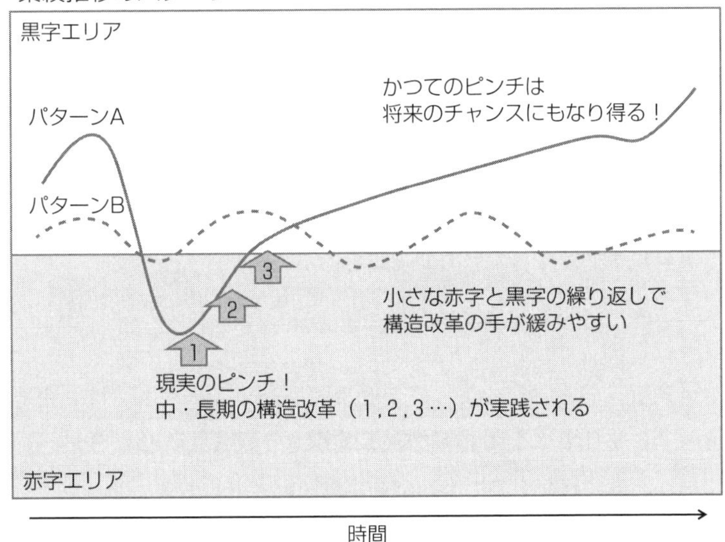

巨額の赤字は現実のピンチですが、パターンAのように構造改革が進められるのであれば、構造改革の手が緩みやすいパターンBよりも、中・長期的にはむしろチャンスと言えるでしょう。

❷ 赤字現場からのメッセージ

企業価値向上という大きな視点からだけではなく、赤字の現場に接近して赤字の本質と対策を考えてみましょう。

赤字になるのは固定費を限界利益でまかなえない場合です。固定費は人の採用が増え、積極的な設備投資が行われる会社の成長段階で増える傾向にあります。赤字のタネは黒字の時にまかれます。

さて右図は**図解：財務会計の利益計算と管理会計の利益計算の違い**で解説した利益を決定する３つの要素です。３つのうちから赤字会社が黒字化に向けて優先すべき手順を考えてみましょう。

赤字会社は、売上高（A）＜損益分岐点売上高（B）の状態になっています。利益を守り、増やそうと考える場合、（A–B）がプラスにならないと赤字のままです。赤字が連続する会社で優先すべきは（A）を増やすことではありません。（B）を下げることです。（Ｂ）を下げる具体的な対策は、固定費の圧縮です。人件費削減、家賃削減が主なものです。必要と判断したならば素早い行動が決め手です。固定費の圧縮は、自力でできる利益回復の第一歩です。なぜならば限界利益率（C）の改善には仕入先との交渉、（A）の改善は得意先からの注文が必要です。どちらも“相手”があり、より確実に利益回復を実現するには自らの努力で達成可能な方法を優先します。

次に赤字からの利益回復の２番目として、あるいは１番目の（B）の引下げと並行して（C）を高めます。

右頁の図表（a）、（b）のように変動費率をxからyへ引き下げ、限界利益率をaからbに高めることも損益分岐点を引き下げます。損益分岐点の引下げのために、限界利益率の引上げは固定費圧縮と並行して行われます。

具体的には仕入原価を引き下げたり、部品の共通化や部品点数を減らすことによって変動費を減らし、限界利益率を高めます。

以上のように赤字からの脱却は、損益分岐点売上高（Ｂ）の引下げ、限界利益率（Ｃ）の引上げの順番です。売上が増えなくても利益を回復できる対策を打ったのちに売上高（A）の拡大を目標とします。

赤字会社脱出！　どこから始めるか

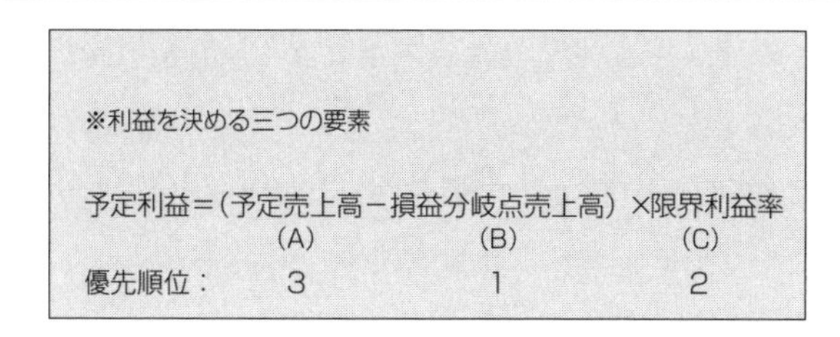

※利益を決める三つの要素

予定利益＝（予定売上高－損益分岐点売上高）×限界利益率

	(A)	(B)	(C)
優先順位：	3	1	2

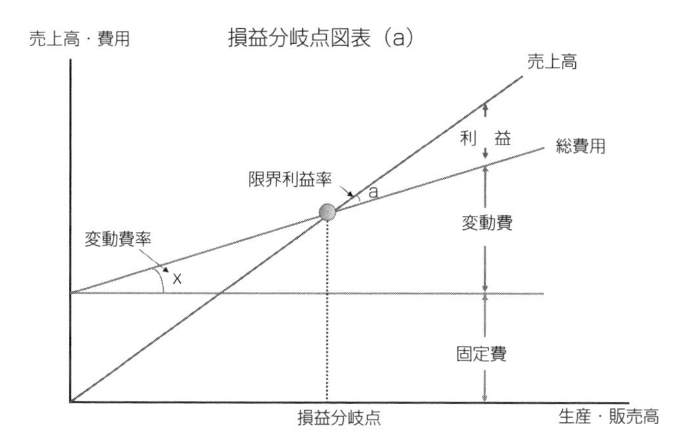

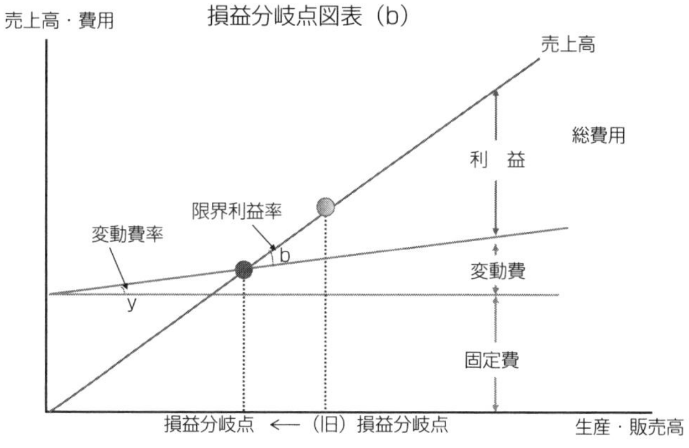

限界利益率を高めることは、損益分岐点の引下げにもなる。

❸ ケーススタディ：利益回復のお手本

利益回復のお手本ともいえる日産自動車のゴーン改革を営業利益の回復状況から検証してみましょう。

当時のゴーンCOOを中心とした経営陣は1999年10月に「日産リバイバルプラン（NRP）」を発表しました。分かりやすく数値によって必ず達成する目標を掲げ、期限内に達成しなければ辞任する覚悟も示しました。

2000年度

営業利益は、前期の825億円から2,903億円に約2,000億円の増益です。その主な要因は、購買コスト、販売費及び一般管理費の削減です。固定費の削減と変動費率の低減が同時に実行されていると思われますが、損益計算書から見る限り、販売費及び一般管理費の低減が顕著です。利益改善の第一弾、1年目は損益分岐点の引下げです。

2001年度

営業利益は2,903億円から4,892億円になり、前年と同様に約2,000億円の増益となっています。

経営努力としての増益要因は、高付加価値の車の販売が伸びたことと購買コストの低減が主なものと考えられます。利益改善の第二弾、2年目は限界利益率の向上です。

2002年度

購買コストの削減はこの年も行われていますが、今までになかった増益要因は、販売台数の増加と車種構成の変化をともなう売上高の増加です。前年度までにやるべきことをやった上での営業利益7,372億円です。

利益回復のホップ、ステップ、ジャンプ！

利益回復のお手本

連結損益計算書

1．ホップ
固定費削減
損益分岐点の
引下げ

2．ステップ
限界利益率の
向上

3．ジャンプ
最後に売上の
増加

日産自動車株式会社

科目	1999年度	2000年度	2001年度	2002年度
	百万円	百万円	百万円	百万円
売上高	**5,977,075**	**6,089,620**	**6,196,241**	**6,828,588**
売上原価	4,570,243	4,634,039	4,547,314	4,872,324
割賦販売利益調整高	2,010	259	788	−
売上総利益	**1,408,842**	**1,455,840**	**1,649,715**	**1,956,264**
販売費及び一般管理費	1,326,277	1,165,526	1,160,500	1,219,034
営業利益	**82,565**	**290,314**	**489,215**	**737,230**
営業外収益	61,907	88,664	27,267	60,770
営業外費用	146,114	96,669	101,738	87,931
支払利息	73,979	42,241	34,267	25,060

各年度の利益改善に関連する主要数値にアンダーラインを引いています。

目標は達成するためにある　必達の順番を守ること

会計を含む経営管理全体からの重要ポイント

Point 1：企業の成長は従業員の成長意欲によって支えられています。日産自動車も実際に会社を動かしたのはゴーン氏のみではなく全社員です。たった3年で同じ会社が、同じ人々が、この成果を作り出したのです。

Point 2：日産自動車の復活劇は利益回復のお手本であり、また組織復活のお手本でもあります。もっとも優秀な経営コンサルタントは会社の中にいます。外に求めていたら良い結果は出なかった、あるいは良い結果が出ても続かなかったでしょう。

Point 3：赤字は短期的にピンチですが、長期的には財務も人事も強化するチャンスです。その際にはバランスシートや組織が大きく疲弊する前に復活すること、同時に会社の使命、企業価値向上への明確な責任（アカウンタビリティ）を強く意識することが必要です。

5 （Q&A）社長の疑問にはこう答える！

Q&A　①社長の疑問　（固定費の増加と売上の増加）

新規商品の拡販のために営業部員を５人増やせば、月間売上は今よりも500万円増やすことができそうです。

新規に５人を採用すれば人件費等（人件費と事業所維持管理コスト）の固定費が月間300万円程度増加しますが、増加する売上（500万円）の方が多いので、採用することは利益にプラスになると考えます。いかがでしょうか。赤字はなんとしても避けたいと思っています。

なお、当社の先月の月次損益計算書は右頁のとおりで、本件で人件費等以外に増加するコストは僅少ですので無視できます。

（回答）

売上高がそのまま利益にプラスされるのではありません。利益にプラスになるのは限界利益であり、本件では150万円です。５人を採用すれば赤字はさらに拡大するおそれがあります。

（解説）

新規商品の拡販という事業チャンスを活かし、黒字の定着を願う社長の気持ちは理解できます。採算が合うなら人員を増やしてもかまわないのですが、採算が合わずに利益を圧迫し、赤字が拡大するような事態は避けなければなりません。

営業部員５人の採用にともなう人件費等の固定費の増加を上回る限界利益を確保できなければ、利益は減少します。

会社（トキオ☆販売）の先月の月次損益計算書が右頁のとおりで、売上高に対する原価率（「仕入高＝売上原価」とする）は、今後も先月と同じ70％（＝1,050万円/1,500万円）として考えてみましょう。変動費は仕入のみであり、売上が500万円増加することで増えるコストは仕入が350万円（＝500万円×70%）、差額の限界利益は150万円となります。

この限界利益150万円では人件費等の増加300万円を下回ることになり、利益はさらに150万円減少し、赤字幅が拡大するおそれがあります。

利益の増加＝限界利益の増加－固定費の増加

先月の月次損益計算書

トキオ☆販売（株）
月次損益計算書
（単位：万円）

	金額
売上高	1,500
仕入高	-1,050
人件費等	-500
利益	-50

社長の疑問

人件費等の固定費が300万円増加しても売上高が500万円増加すれば利益は増えるのでしょうか。

500万円－300万円＝200万円→利益増と考えて良いか

社長の見落とし

売上高が500万円増加すると追加コストが必要とされる点

回答

売上高の500万円の増加で増える利益（限界利益）は150万円です。

つまり、人件費等の増加が150万円以内でないと、赤字はさらに拡大します。

固定費の増加は月初の赤字の増加を意味する

固定費の増加を吸収するのは売上高ではなく限界利益！

Q&A ②社長の疑問（固定費の増加と限界利益の増加）

人件費等の固定費の増加は売上高の増加ではなく、限界利益の増加でまかなうことは理解できました。

そこで質問です。

当社の限界利益率が30%として、売上高が500万円増えるのであれば、人件費等の固定費の増加を150万円以内に抑えれば必ず利益にプラス（赤字の縮少又は黒字転換）になると考えて良いですか。

（回答）

必ず利益にプラスになるとは言えません。プラスになる可能性があることは事実ですが、利益にマイナスとなるリスクにも十分に留意した上で決定してください。

赤字の現実を考慮すれば、新規に５人採用するのではなく、２人程度の採用で１年間様子をみるのも良いと思われます。その結果を見て、さらなる採用を考えてみてはいかがでしょうか。

（解説）

赤字から脱する際に注意してほしいことは、売上を増やすためであっても新たな固定費の発生をともなうことはできる限り避けるということです。今回の件についても、売上高が500万円増えるのであれば、人件費等の増加が150万円以内ならば、計算上は利益にプラスになります。しかし、計算どおりにならないケースも考えておく必要があります。

計算どおりにならないケースとは、たとえば以下の２点です。

①次月に予定どおり500万円の売上高が増加するとは限らないこと

②次月に500万円以上の売上高の増加があっても、その後も続くとは限らないこと

人件費等の150万円は確実に増える一方で、売上増は確実とはいえないのです。

リスクを織り込んで意思決定する

社長の計算

トキオ☆販売（株）

月次損益計算書

（単位：万円）

	12月（先月）	1月	2月	3月
売上高	1,500	2,000	2,000	2,000
仕入高	-1,050	-1,400	-1,400	-1,400
人件費等	-500	-600	-600	-600
利益	-50	0	0	0

人件費等は100万円増加した状態が続くものの、売上高も500万円増加した状態が続く

計算どおりにならない可能性もある

トキオ☆販売（株）

月次損益計算書

（単位：万円）

	12月（先月）	1月	2月	3月
売上高	1,500	2,000	1,800	1,600
仕入高	-1,050	-1,400	-1,260	-1,120
人件費等	-500	-600	-600	-600
利益	-50	0	-60	-120

人件費等は100万円増加した状態が続く一方で、売上高は1月のみ500万円増加したものの、その後に減少すると利益も減少し、上記のように赤字拡大の可能性もある

では、どうすれば良いか

リスクを織り込む管理会計の意思決定基本原則：

　リスクに見合う十分なリターンが期待できる場合のみ実行

（固定費の増加を大きく上回る限界利益があると確信できる場合のみ実行する）

本件はリスクに見合う十分なリターンが期待できないため

新規に5人採用することは見合わせる

Q&A ③社長の疑問（売上高販管費比率は下がるべきなのか）

右頁の会社の損益計算書では、販売費及び一般管理費が売上高に連動して増えています。しかし、販売費や一般管理費も売上に必要なコストです。

それならば、売上高に対する販売費及び一般管理費の比率、すなわち売上高販管費比率が高くならなければ良いと考えますが間違いでしょうか。

（回答）

売上高販管費比率が高くならなければ良いというのは条件付きの話です。

その条件は売上高の増加がないときです。売上高が増加しているときであれば、売上高販管費比率は特殊要因がなければ原則として低下すべきです。

（解説）

データは状況に応じて読むことが重要です。

なぜ、売上高が増加しているときには売上高販管費比率は低下すべきなのでしょうか。

その理由は、販売費及び一般管理費には売上高に連動しないコスト、すなわち固定費が多くあり、販売費及び一般管理費が売上高と同じように増えるということは、売上に直接的に必要とされないコストも増加していることを意味するからです。

したがって、売上高が増加しているときには、固定費の存在を考えれば、売上高販管費比率は低下すべきなのです。

売上高販管費比率をどう読むか

売上高販管費比率

$$売上高販管費比率 = \frac{販売費及び一般管理費}{売上高}$$

比　較　損　益　計　算　書

（単位：千円）

	X01年３月期	X02年３月期	X03年３月期
[売上高]　A	499,363	541,981	590,706
[売上原価]	186,478	208,723	229,998
（主な内訳）			
商品仕入高	100,183	118,503	129,872
材料仕入高	4,962	9,082	9,822
外注加工費	79,644	80,261	81,254
売上総利益　B	312,885	333,258	360,708
[販売費及び一般管理費]　C	282,391	305,646	332,426
営業利益　D	30,494	27,612	28,282

	X01年３月期	X02年３月期	X03年３月期
売上総利益率（%）　B/A	62.7%	61.5%	61.1%
売上高販管費比率（%）　C/A	56.6%	56.4%	56.3%
営業利益率（%）　D/A	6.1%	5.1%	4.8%
対前期売上高伸び率	−	8.5%	9.0%

この中に、見落としてはならない非常に重要なデータあり

それは営業利益率！

<非常に重要な説明ポイント>

売上高が好調な時期でさえも、営業利益率は低下しています。

売上高が不振になったら、さらに低下するでしょう。

たとえば、翌年のX04年３月期決算で、売上高がX01年３月期の水準にまで落ちると利益を出すことさえ難しくなります。注意喚起しましょう！

6　ケースで学ぶ利益管理手法

❶ 固定費による利益変動リスクと管理手法 －経営レバレッジ係数、損益分岐点比率と安全余裕率

（1）経営リスクとは

企業の経営リスクの分類として収益性・成長性に関する「事業リスク」と財務安全性に関する「財務リスク」があります。

ここでいう「リスク」とは、当初予定した成果とは違う結果となることであり、場合によってはそれに起因して有効な資本維持活動ができなくなる危険性でもあります。しかし、「リスク」は成果の散らばりとして認識されるものでもあり、常に損失を意味するものではありません。逆に期待以上の成果を実現させる可能性でもあります。

（2）経営レバレッジ係数

右頁の２つのグラフは、現時点において同じ損益分岐点でありながら、費用構造が違う２つの企業の利益と損失を比べたものです。Ｂ社はＡ社に比べて固定費のウェイトが大きく、変動費のウェイトが小さい企業です。

売上高がＸからＹまで変化したと仮定した場合の利益と損失の変化の度合いは、Ｂ社の方がＡ社よりも大きくなります。これが固定費による事業リスクです。

経営レバレッジ係数は、**限界利益（固定費＋営業利益）を営業利益で除して算出**されます。この数値が高いということは固定費の利用度が高く、売上高の増加（減少）によってより多くの利益の増加（利益の減少または損失）が表れることを意味します。

Ａ社の経営レバレッジ係数は3.0、Ｂ社は4.0となり、Ｂ社の方が売上高が増加した場合の利益の増加がより多くなります。

固定費による利益変動リスク

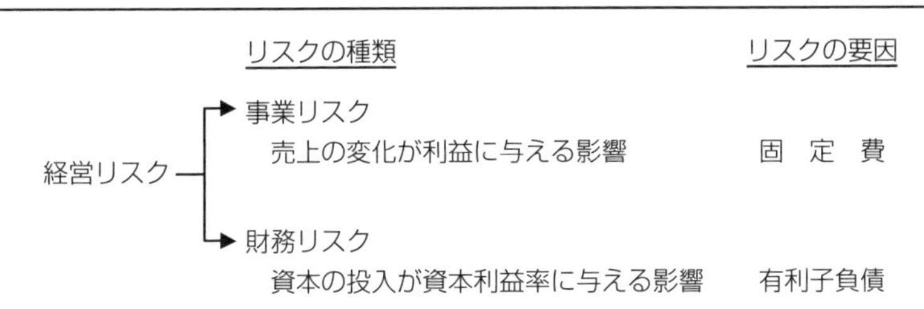

経営レバレッジ（A社）

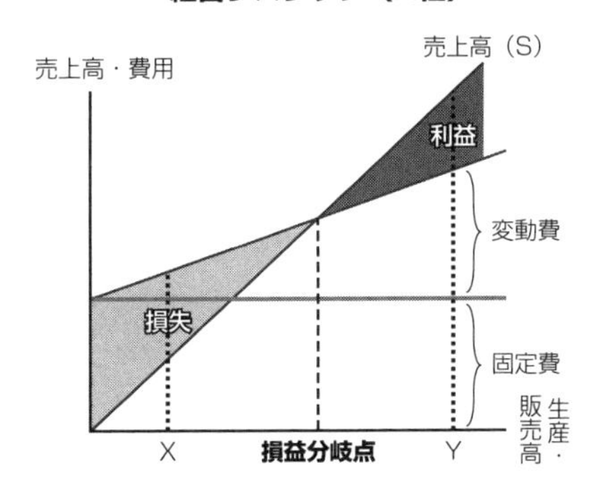

経営レバレッジ（B社）

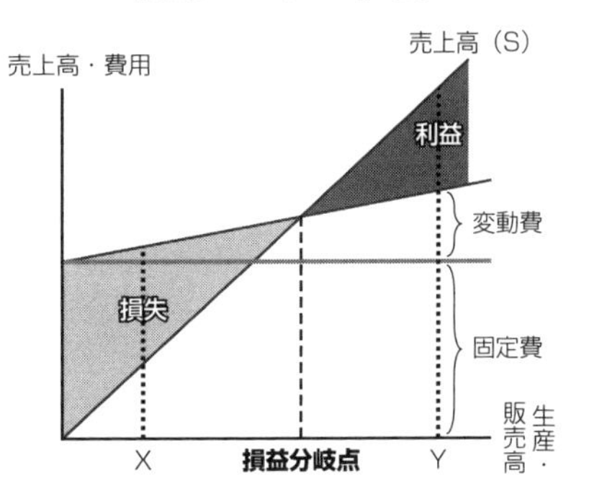

損益データ（A社）

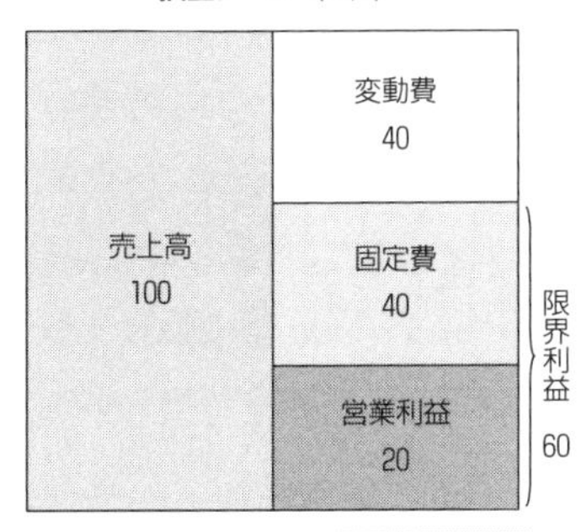

経営レバレッジ係数＝60÷20
＝3.0

損益データ（B社）

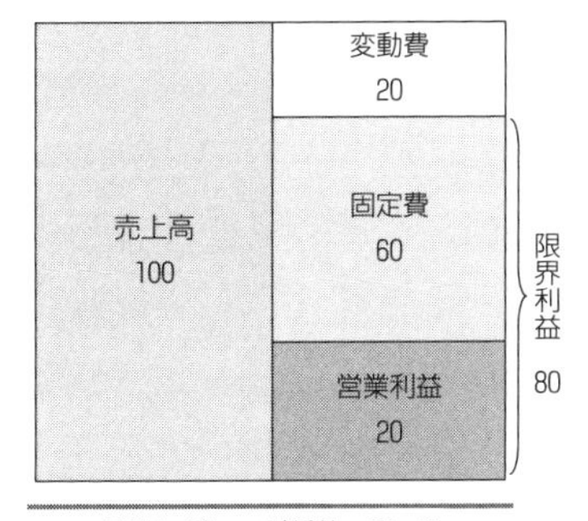

経営レバレッジ係数＝80÷20
＝4.0

(3) 損益分岐点比率

損益分岐点比率とは、損益分岐点売上高を実際の売上高で除して求めた比率であり、実際の売上高を100とした場合に、損益分岐点が何%のところに位置するかを示すものです。

$$損益分岐点比率 = \frac{損益分岐点売上高}{売上高} \times 100$$

利益の安定度は売上規模の大小ではなく、「利益率」が非常に重要な要素になっています。利益の安定度と増加の可能性は「損益分岐点比率」で明らかになります。

(4) 安全余裕率

安全余裕率とは、損益分岐点が売上高からどれだけ離れているかを示すもので、現在の売上高から何%減収になると利益がゼロとなるかを示します。この比率が高いほど赤字になるリスクが小さいことを意味します。

$$安全余裕率 = \frac{売上高 - 損益分岐点売上高}{売上高} \times 100$$

損益分岐点比率と安全余裕率

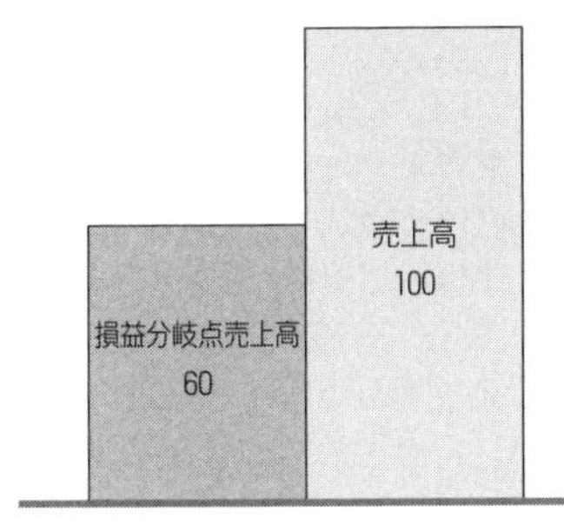

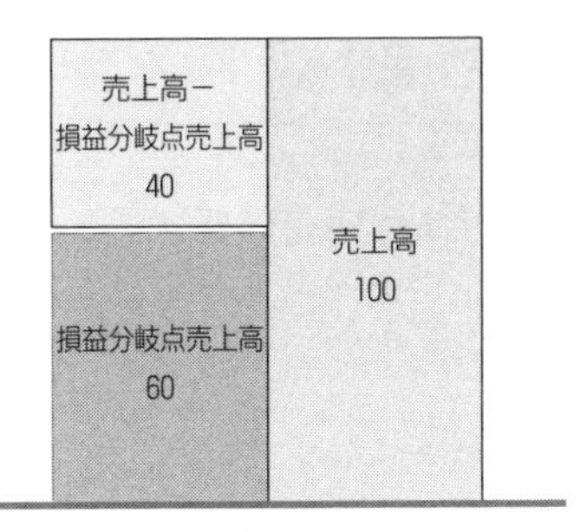

損益分岐点比率＝60÷100
＝60%

安全余裕度＝40÷100
＝40%

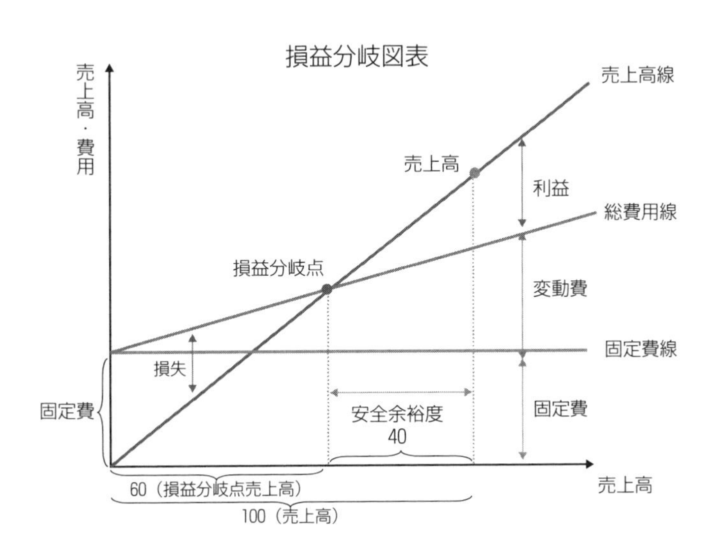

損益分岐点比率（%）＝60/100
＝60%

安全余裕率（%）＝40/100
＝40%

安全余裕率＝１－損益分岐点比率

❷ ケースで学ぶ利益管理手法

（1）赤字も足せば黒字になる！？

ＳＳＪ社ではソフトウェアの制作・販売を行っています。このたび取引先Ｇ社より販売管理ソフトウェアの制作打診があり、費用を見積もったところ以下のようになりました。ＳＳＪ社は、この仕事を引き受けるべきでしょうか。

販売価格（先方予算）	3,000千円	
材料費	800千円	（変動費）
賃金（時間単価×制作時間）	2,000千円	（固定費）
その他経費	500千円	（うち変動費400千円）
費用合計	3,300千円	

なお、ソフトウェアの制作スタッフはＳＳＪ社の常勤者４名であり、作業は当月１ヶ月以内を予定しています。４名にはこの期間内に他の制作業務はありません。

（回答）

この仕事を引き受ける場合と引き受けない場合を比較すると、右頁の表のように、引き受ける方が損失を1,800千円圧縮できるため有利となります。したがって赤字が残る案件ではありますが、引き受けるべきです。

（解説）

先方の予算金額は3,000千円であり、一方でＳＳＪ社での制作費用見積額は合計で3,300千円となり、この仕事を引き受けると損益は300千円の赤字となります。

しかしながら、固定費は今回の業務の引き受けに関係なく発生するため、本件を引き受けない場合には限界利益がゼロとなり、損益は2,100千円の赤字となります。本案件の損益以外の要素を考慮外とするならば、引き受けるべきとなります。

当月損益比較　（単位：千円）

	引き受ける場合	引き受けない場合	同じ案件を1件、追加で引き受ける場合
売上高	3,000	0	6,000
変動費（※1）	1,200	0	2,400
限界利益	1,800	0	3,600
固定費（※2）	2,100	2,100	2,100
当月損益	-300	-2,100	1,500

（※1）変動費

	引き受ける場合	引き受けない場合	同じ案件を1件、追加で引き受ける場合
材料費	800	0	1,600
その他経費	400	0	800
計	1,200	0	2,400

（※2）固定費

	引き受ける場合	引き受けない場合	同じ案件を1件、追加で引き受ける場合
賃金	2,000	2,000	2,000
その他経費	100	100	100
計	2,100	2,100	2,100

変動費率（1,200/3,000）×100＝40%

限界利益率（1－変動費率）＝60%

今回のように引き受けるか引き受けないかの意思決定においては、固定費が同じであれば、限界利益がより大きく生み出される方を採用します。

このケースを引き受けると限界利益が1,800千円（＝3,000千円－（800千円＋400千円））となり、引き受けない場合のゼロと比較して赤字額を1,800千円圧縮できます。制作担当者は作業時間に余裕がありますので、赤字が残る案件ではありますが、今月に本件よりも多くの限界利益を得られる仕事が見当たらない場合は引き受けるべきとなります。

この案件1つでは引き受けても赤字が残りますが、これと同じ案件を固定費の増加なしでもう一件引き受けると、1,500千円の黒字になります。

（2）値下げすると利益が増える！？

HBG社では、従来160円で販売していたハンバーガー（原価100円）を半額の80円で販売することを検討しています。半額セールによる販売量が従来の4倍になるとして、これによって利益を出すことはできるでしょうか。

販売データ	
販売量（1日当たり）	
定価の場合	500個
半額セールの場合	2,000個
原価データ	
材料費（1個当たり）	40円（変動費）
人件費（1日当たり）	20,000円（固定費）
賃借料（1日当たり）	10,000円（固定費）

（回答）

半額セールでも、利益を増やせる場合があるのです。

設例の条件のもとでは、定価の場合よりも半額セールの方が利益は増えます。

（解説）

右頁の表は、原価が1個100円の商品を160円の定価で販売していたものを、80円に値下げしたことにより販売量が4倍に増えた場合の損益を予測したものです。

定価販売の際には100円であった原価が55円に下がりました。これは、販売量が増えても固定費は増えないためです。単価を半額にしたものの、販売量の大幅な増加により、利益は30,000円から50,000円に増えています。

損益計算書（日次ベース）

	定　　価	半額セール
販売量	500個	2,000個
売上高	80,000円	160,000円
（1個当たり売価）	(160) 円	(80) 円
原　価		
材料費（変動費）	20,000円	80,000円
（1個当たり材料費）	(40) 円	(40) 円
人件費（固定費）	20,000円	20,000円
賃借料（固定費）	10,000円	10,000円
総原価	50,000円	110,000円
（1個当たり総原価）	(100) 円	(55) 円
利　益	30,000円	50,000円

但し、半額セールで利益を出すには条件があります。それは、売価が1個あたりの変動費を下回らないこと（このケースでは売価が変動費の40円を下回らないこと)、そして販売量を高水準に保つことです。

原則として限界利益がマイナスとなると、売れば売るほど赤字が増えます。また、半額セールのねらいは販売量を高めることで原価を下げることにありますので、販売量が減少する（元にもどる）と原価が上がって利益が出なくなります。

半額セールのような値下げの効果は、長期に維持することは困難で、期間限定で商品やサービスの良さを消費者に知ってもらうことがねらいでしょう。

7　原価計算を知れば利益意識が変わる

❶　原価計算の基礎知識

(1) 原価計算とは

原価計算とは、与えられた目的のために、原価を分類測定し、集計し、分析し、報告する計算技術です。すなわち、計算目的に合わせて、製品の製造のためにいくらの原価が費やされたかという製品の原価を計算するための手続きです。

(2) 原価計算の目的

原価計算の目的には、財務諸表作成、原価管理、利益計画、予算管理、代替案の評価、価格決定などがあります。これらの目的に注目すると、原価計算は財務会計と管理会計の両方で必要とされていることが分かります。

イ) 財務会計目的

会社が毎決算期に外部に報告する財務諸表の作成に必要な原価数値を計算提供する。

ロ) 管理会計目的

原価低減のような原価管理や経営者の意思決定に必要な原価数値を計算提供する。

(3) 原価の分類

原価は、発生形態によって材料費、労務費、経費に分類されます。さらに生産された製品に直接的に関連付けることができるか否かによって、直接費と間接費に分類されます。たとえば労務費について、製造ラインで働く組立作業担当者の給与は直接費（直接労務費）となり、工場の事務所で働く工場経理担当者の給与は間接費（間接労務費）となります。

原価の分類

イ）形態別分類
　材料費　物品の消費によって発生する原価
　労務費　労働力の消費によって発生する原価
　経　費　材料費、労務費以外の原価
ロ）製品との関連による分類
　直接費
　　製品に直接的に関連付けることができる原価
　　直接材料費、直接労務費、直接経費
　間接費
　　製品に直接的に関連付けることができない原価
　　間接材料費、間接労務費、間接経費
　　　　　　　　⇓
　　　　　製造間接費という

直接費	直接材料費	主要材料（原料費）、買入部品費
	直接労務費	直接賃金
	直接経費	外注加工費
間接費	間接材料費	補助材料費、工場消耗品費、消耗工具器具備品費
	間接労務費	間接作業賃金、間接工賃金、手待賃金、休業賃金、給料、従業員賞与手当、退職給付引当金繰入額、福利費（健康保険料負担金等）
	間接経費	福利施設負担金、厚生費、減価償却費、賃借料、保険料、修繕費、水道光熱費、租税公課、旅費交通費、通信費、保管料、たな卸減耗費、雑費

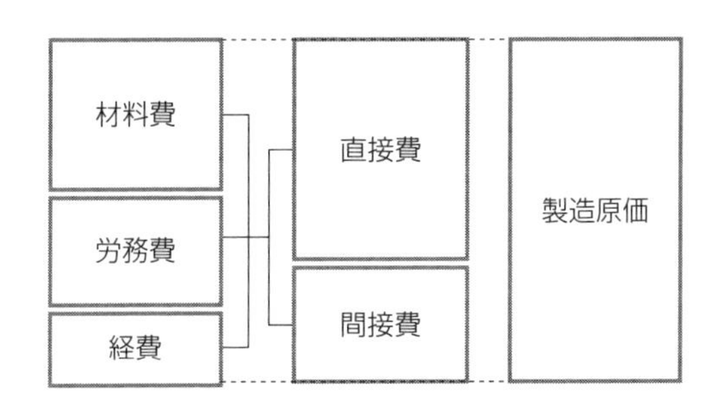

❷ （設例） 簡単な設例で原価計算をしてみよう

（1）「製品期末残高ゼロのケース」

ABC社の工場では同一生産ラインにてX製品とY製品を製造しており、当月の発生コストと生産量のデータは以下のとおりです。予定生産量は製品X1,600個、製品Y1,000個であり、実際の生産量は、販売不振により予定の半分でした。コストデータにより、製品Xと製品Yの製品原価を計算してください。なお、ABC社では労務費と経費（ともに固定費）を製品別に直接把握することができず、ラインの稼働時間（合計）をもとに製品に配分しています。今月のラインの稼働時間は1,000時間であり、X製品に600時間、Y製品に400時間を費やしました。

（単位：円）

	製品X	製品Y	合計
材料費（変動費）	300,000	200,000	500,000
労務費（固定費）	400,000		400,000
経　費（固定費）	800,000		800,000
			1,700,000

ライン稼働時間	600時間	400時間
生産量（＝販売量）	800個	500個

材料費：製品Xは@375円、製品Yは@400円です。

（解答）

製品単位当たりの原価（計算過程－金額単位：円）

製品X＝（300,000＋（400,000＋800,000）÷1,000時間×600時間）÷800個

材料費　労務費・経費をラインの稼働時間（600/1,000）で配分

＝1,275円/個

製品Y＝（200,000＋（400,000＋800,000）÷1,000時間×400時間）÷500個

材料費　労務費・経費をラインの稼働時間（400/1,000）で配分

＝1,360円/個

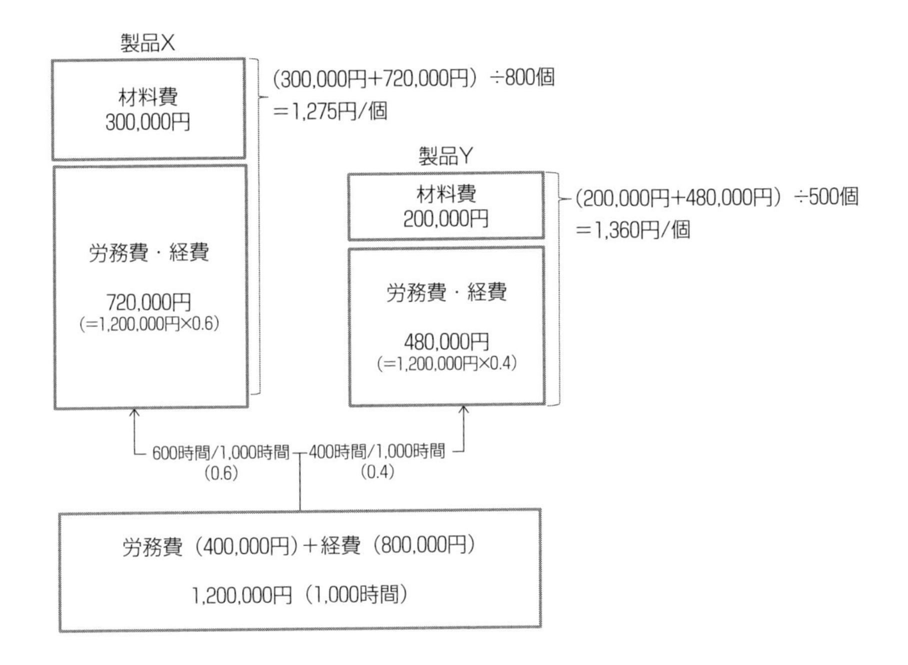

損益計算書の作成

販売単価は製品X・Yともに2,000円として損益計算書を作成します。なお、期首・期末製品棚卸高はゼロ、販売費及び一般管理費はX・Yとも、売上数量1個当たり100円、固定費としてX・Y合計で200,000円発生しました。

損益計算書

（単位：円）

1．売上高（2,000円×1,300個）		2,600,000
2．売上原価		
期首製品棚卸高	0	
当期製品製造原価	1,700,000	
合　　計	1,700,000	
期末製品棚卸高	0	1,700,000
売上総利益		900,000
3．販売費及び一般管理費　※		330,000
営業利益		570,000

※：@100円×1,300個+200,000円=330,000円

（2）「大量の製品期末残高のあるケース」

前のABC社のケースは、生産能力の1/2に受注が減った状態でした。もし製品X・Yともに生産量を期首から受注に関係なく生産能力の水準である2倍にしたとすると製品原価と利益はどうなるでしょうか。製品原価を計算するとともに、損益計算書を作成してください。なお、生産量は2倍ですが、販売量は直前のケースと同じであり、生産量の半分は在庫となります。

（単位：円）

	製品X	製品Y	合計
材料費（変動費）	600,000	400,000	1,000,000
労務費（固定費）	400,000		400,000
経　費（固定費）	800,000		800,000
			2,200,000

ライン稼働時間	1,200時間	800時間
生産量（＝販売量×２）	1,600個	1,000個

材料費：製品Xは@375円、製品Yは@400円です。

（解答）

製品単位当たりの原価（計算過程－金額単位：円）

製品X＝（600,000＋（400,000＋800,000）÷2,000時間×1,200時間）÷1,600個

材料費　労務費・経費をラインの稼働時間（1,200/2,000）で配分

＝825円/個

製品Y＝（400,000＋（400,000＋800,000）÷2,000×800時間）÷1,000個

材料費　労務費・経費をラインの稼働時間（800/2,000）で配分

＝880円/個

在庫ゼロのケースの営業利益（570,000円）と大量の製品期末残高のあるケース（今回）の営業利益（1,170,000円）の差額（600,000円）は何を意味しているでしょうか。

在庫ゼロのケースでは固定費が全額、期間費用として処理されます。

今回は在庫と期間費用に半分ずつ（600,000円）配分されています。

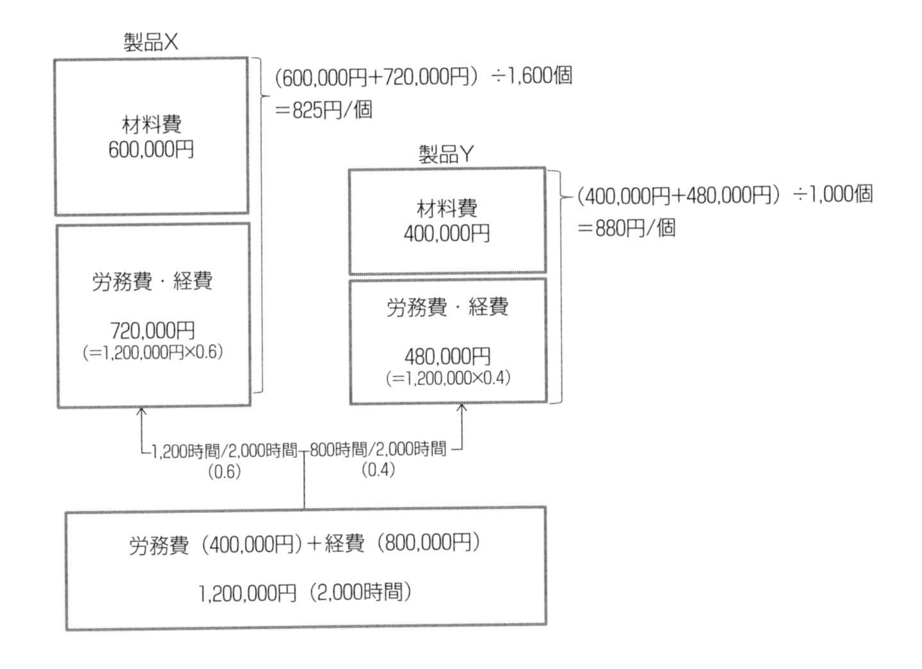

損益計算書の作成

前のケースと同様に販売単価は製品X・Yともに2,000円として損益計算書を作成します。なお、期首製品棚卸高はゼロですが期末製品棚卸高はX800個、Y500個、販売費及び一般管理費はX・Yとも売上数量１個当たり100円、固定費としてX・Y合計で200,000円が発生しました。

損益計算書

（単位：円）

1．売上高（2,000円×1,300個）		2,600,000
2．売上原価		
期首製品棚卸高	0	
当期製品製造原価	2,200,000	
合　　計	2,200,000	
期末製品棚卸高　※１	1,100,000	1,100,000
売上総利益		1,500,000
3．販売費及び一般管理費　※２		330,000
営業利益		1,170,000

※１：@825円×800個＋@880円×500個＝1,100,000円

※２：@100円×1,300個＋200,000円＝330,000円

（3）直接原価計算の損益計算書

設例のように、財務会計において1個当たりの製造コストは生産量に応じて変動してしまうことになります。

「大量の製品期末残高のあるケース」のように、製品が売れず在庫として残っていたとしても、作れば作るほど、1個当たりの原価は下がることになります。

「利益は生産によって増加するのではなく、販売によって増加する。」これは経営者の持つ感覚ですが、本設例では利益が生産量によって影響を受けています。管理会計は財務会計における「全部原価計算」とは異なる「直接原価計算」の損益計算書を作成することで、生産量による利益への影響を解消しています。

（売上高が同じでも生産量によって変わる営業利益）

固定費を含めて原価を計算する全部原価計算では、1個当たりの原価が生産量によって変動して、「いくら売り上げれば利益がでるのか」という利益計画が立てにくくなっています。1個当たりの原価が決まっていれば、単純に何個作ればいいのかが計算できて便利であり、この考え方による原価計算が「直接原価計算」です。何個作っても一定額である固定費は一旦除外して貢献利益（※）を計算し、そのあとで固定費を控除して営業利益を計算します。

※貢献利益：限界利益のことですが、固定費を吸収して利益を生み出す点を強調する場合に貢献利益と呼ばれます。

営業利益の差額60万円はなぜ生じたのか
⇒製造固定費の期間費用処理のタイミングの違い

損益計算書

（単位：円）

1．売上高（2,000円×1,300個）		2,600,000
2．売上原価		
期首製品棚卸高	0	
当期製品製造原価	1,700,000	
合　計	1,700,000	
期末製品棚卸高	0	1,700,000
売上総利益		900,000
3．販売費及び一般管理費　※		330,000
営業利益		570,000

※：@100円×1,300個＋200,000円＝330,000円

（1）製品期末残高ゼロのケース
製造固定費120万円は全額当期に期間費用処理

変動費も固定費もすべて製品原価に算入するものの期末在庫がゼロのため、発生原価はすべて売上原価に算入
（固定費120万円は期末棚卸資産がゼロのため当期に全額が期間費用処理）

損益計算書

（単位：円）

1．売上高（2,000円×1,300個）		2,600,000
2．売上原価		
期首製品棚卸高	0	
当期製品製造原価	2,200,000	
合　計	2,200,000	
期末製品棚卸高　※1	1,100,000	1,100,000
売上総利益		1,500,000
3．販売費及び一般管理費　※2		330,000
営業利益		1,170,000

※1：@825円×800個＋@880円×500個＝1,100,000円
※2：@100円×1,300個＋200,000円＝330,000円

（2）大量の製品期末残高のあるケース
製造固定費120万円は当期に半分（60万円）来期に残りの半分（60万円）が期間費用処理

変動費も固定費もすべて製品原価に算入する。半分が販売されていないため、発生原価の半分が売上原価に算入（固定費120万円の半分のみ当期に期間費用処理、残りの半分(60万円)は期末棚卸資産に含まれて、来期に期間費用処理）

損益計算書（直接原価計算）

（単位：円）

1．売上高（2,000円×1,300個）		2,600,000
2．売上原価		
期首製品棚卸高	0	
当期製品製造原価	1,000,000	
合　計	1,000,000	
期末製品棚卸高	500,000	500,000
変動製造マージン		2,100,000
3．変動販売費		130,000
貢献利益		1,970,000
4．固定費		
固定製造費	1,200,000	
固定販売費及び一般管理費	200,000	1,400,000
営業利益		570,000
固定費調整		
＋期末製品に含まれる固定製造費用		600,000
－期首製品に含まれる固定製造費用		0
全部原価計算方式の営業利益		1,170,000

一旦固定費全額を期間費用処理

生産量による影響を解消した利益を表示

期首・期末製品に含まれる固定費を調整して最終的に財務会計上の利益を表示

第5章

キャッシュフロー業績管理

キャッシュフローが増えるのは良いこと？

増えて良いといえるのはフリーキャッシュフロー

1　利益とキャッシュフローの違い

❶　利益とキャッシュフローの違いは貸借対照表で理解する

・キャッシュフローはキャッシュ(資金)のフロー(変動)ですから貸借対照表の変動に着目すれば利益とキャッシュフローの関係が一目瞭然となります。

右図の貸借対照表は、右側（負債・純資産側）を無利子負債、有利子負債、自己資本の３つのブロックに分けて表示しています。左側は、資金と事業用資産（資金以外の資産）の２つのブロックに分けて表示しています。それぞれのブロックに前期末比での増減項目と金額を記載しています。

貸借対照表ですので、期首残高、期末残高、さらに期首と期末の残高の増減額（右図①）も一致（バランス）します。キャッシュフローは貸借の増減額に着目することで明らかになります。

それでは資金ブロックの増減、すなわちキャッシュフロー（③）はどうなるか、実際に計算してみましょう。

まず、貸借対照表の右側の増減額を算出します。

貸借対照表の右側の増減額（①）

＝　無利子負債　＋　有利子負債＋　自己資本

　　＋100　　＋　（△800）　＋　（△200＋1,000）

＝　＋100

貸借対照表の左側の増減額（①）も＋100となり、事業用資産の増減額（②）との差額がキャッシュフロー（③）になります。(③＝①－②)

キャッシュフロー（③）

＝　左側の増減額（①）－　事業用資産の増減額（②）

　　＋100　　　－　（＋200＋50＋300）

＝　△450

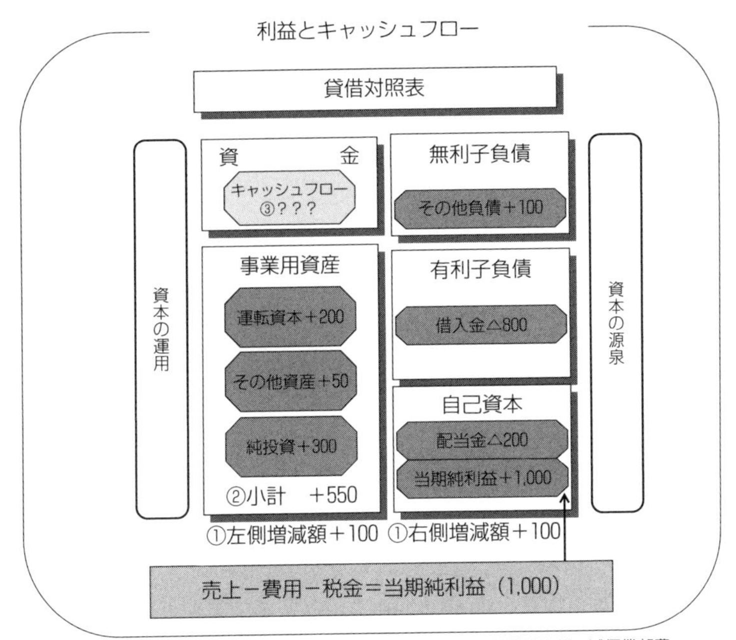

キャッシュフロー（③）は①（+100）から②（+550）を差し引いて△450となります（③=△450）。

利益は1,000のプラスですが、キャッシュフローはマイナスとなりました。このマイナスはただちに「問題あり」となるでしょうか。

このケースでは必ずしも「問題あり」とはなりません。キャッシュフローがマイナスになったのは借入金の返済と配当金の支払いで1,000の資金を使用したことが主な要因です。特に借入金の返済を進めたことは財務体質の改善となり、望ましい経営施策といえるでしょう。

利益のマイナス（赤字）は「問題あり」ですが、キャッシュフローのマイナスは必ずしも「問題あり」とはなりません。

❷ 利益とフリーキャッシュフローの違い

業績として評価できるキャッシュフローとは何か。業績と言えるためには、価値増加となる新しく生み出されたキャッシュフローであるべきです。それがフリーキャッシュフローです。

「利益とフリーキャッシュフローはどう違うのか。」という問いかけに対しては以下のように答えてみましょう。

「利益は新たに生み出された財産です。フリーキャッシュフローは新たに生み出された自由に利用・処分できる資金です。」

共通していることは両者ともに新たに生み出された経営成果であること、違いは利益は財産価値であり、フリーキャッシュフローは自由に利用・処分できる資金であることです。

利益は使用可能な成果ではありません。使えるのはキャッシュであり、フリーキャッシュフローは企業活動からの実質的成果と言えます。

一方で資金は財産の一部であり、フリーキャッシュフローは利益を源泉として生み出されます。

フリーキャッシュフローは、利益（当期純利益）を源泉として以下のように導かれます。

フリーキャッシュフロー＝ 当期純利益＋減価償却費（キャッシュ利益） － 運転資本の増加－設備投資（利益を支える営業・投資資産）

（解説）

最初に、利益とキャッシュフローの間で常に差異を生じさせる非資金費用（お金の支払いのない費用）となる減価償却費を当期純利益にプラスします。これは利益をフリーキャッシュフローに一歩近づけたキャッシュ利益と言えます。

続いて、利益計算では費用とはならないものの営業活動として必須の売掛金や棚卸資産などに使用される運転資本の増加、営業活動を維持・成長させる設備投資をマイナスした額がフリーキャッシュフローとなります。

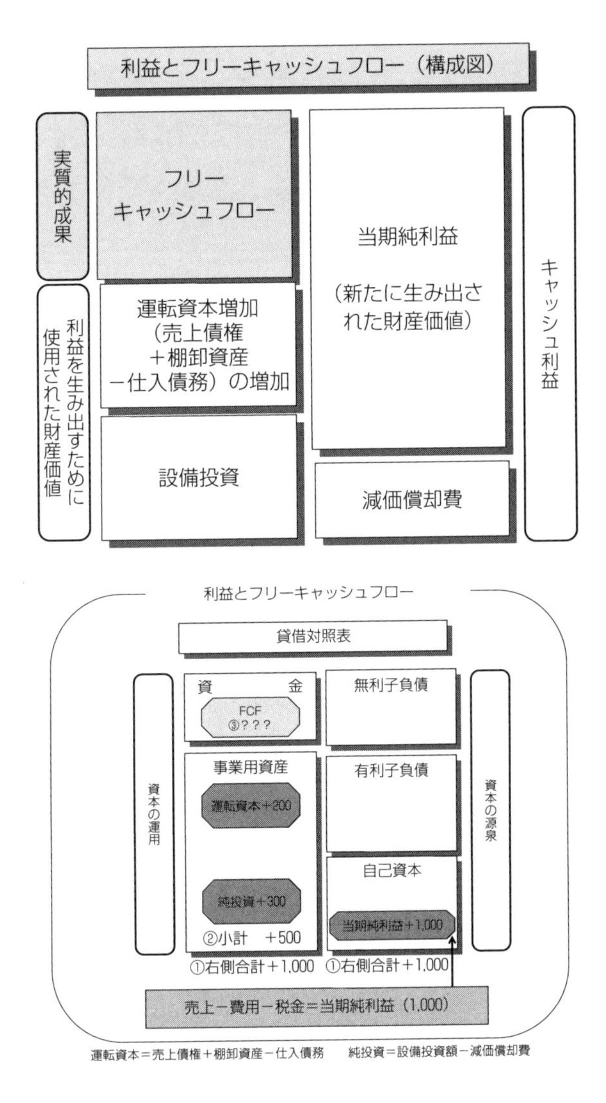

フリーキャッシュフロー（③）は①（＋1,000）から②（＋500）を差し引いて500となります。（③＝500）

❸ 図解！フリーキャッシュフロー

資金の増減とキャッシュフロー成果

これまでに利益とキャッシュフロー、利益とフリーキャッシュフローの違いと関連について学んできましたが、次にキャッシュフローとフリーキャッシュフローの違いと関連についてこれまでの知識を基に整理してみましょう。

キャッシュフローは資金の増減です。

そこで質問です。

「資金が増加すれば、フリーキャッシュフロー（資金成果）が得られたと考えて良いでしょうか。」

答えはNOです。

キャッシュフローとフリーキャッシュフローは同じではありません。

借入金によって増加した資金（プラスのキャッシュフロー）はフリーキャッシュフローと言えるでしょうか。今は確かに資金が増えていますが、これは銀行から借りた資金であり、後に利子を付けて返さなくてはならないものです。資金成果が得られたわけではありません。

右頁の期首・期末貸借対照表から、フリーキャッシュフローはいくらと計算されるでしょうか。

キャッシュフロー（資金の増減）は150となっていますが、これはフリーキャッシュフローではありません。事業活動から生み出されたフリーキャッシュフローに財務収支が加っているからです。事業活動から生み出されたフリーキャッシュフローは以下のように100と計算されます。

フリーキャッシュフロー（100）＝当期純利益（300）＋減価償却費（100）
－運転資本の増加（100）－設備投資（200）

フリーキャッシュフローに借入金増減や配当金など財務収支が加わって、キャッシュフロー（結果としての資金増減）となります。

キャッシュフロー＝キャッシュフロー成果 ± 財務活動収支

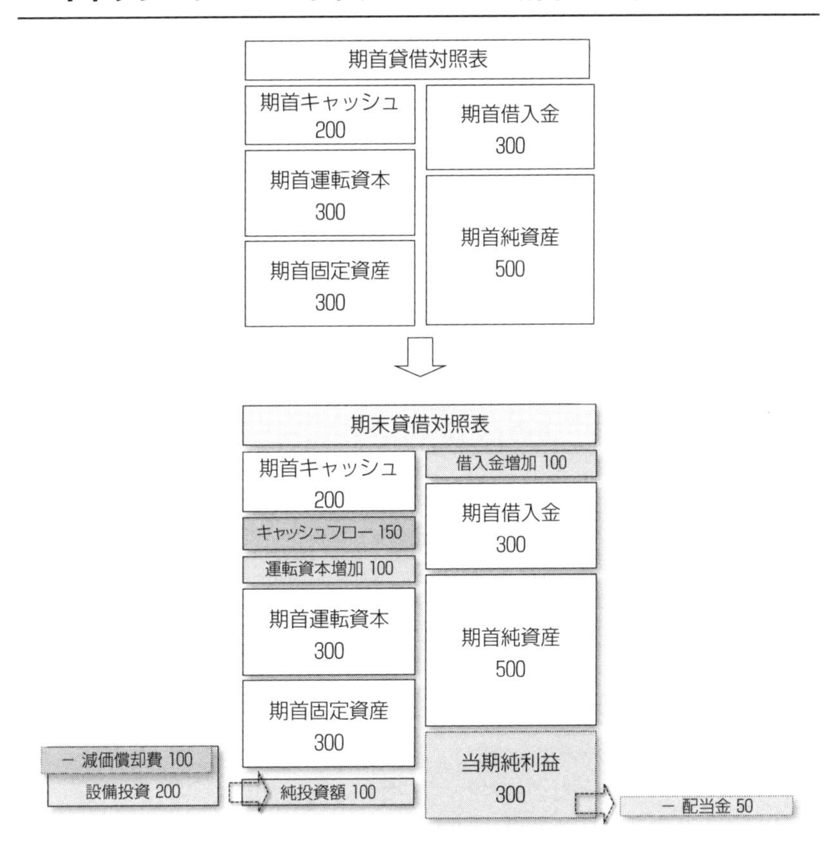

フリーキャッシュフロー（資金成果）＝当期純利益＋減価償却費

－運転資本の増加－設備投資

100 ＝ 300 ＋ 100 － 100 － 200

キャッシュフロー（資金の増減）＝フリーキャッシュフロー ± 財務活動収支

（借入金増加－配当金）

150 ＝ 100 ＋ 100 － 50

2　貸借対照表の増減とキャッシュフロー計算書

キャッシュフロー計算書は、資金の増減を活動区分別に整理し、成果の獲得とその利用・処分の状況から明らかにします。

前頁で図解したキャッシュフローとフリーキャッシュフローの違いをキャッシュフロー計算書で検証してみましょう。

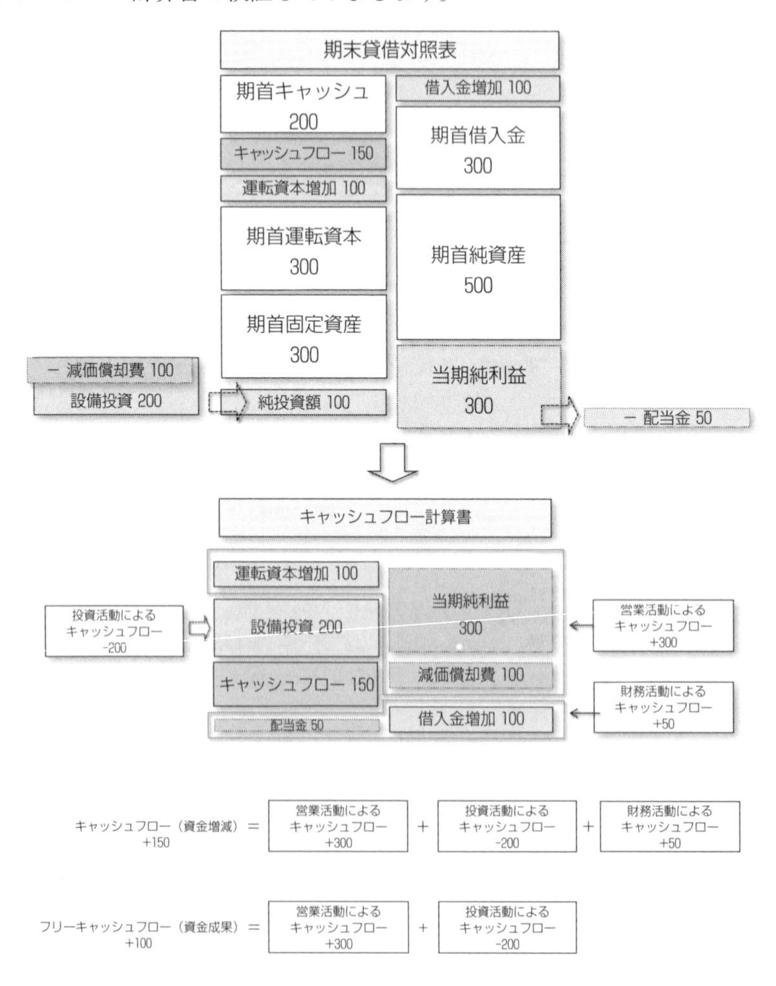

キャッシュフローの成果と分配

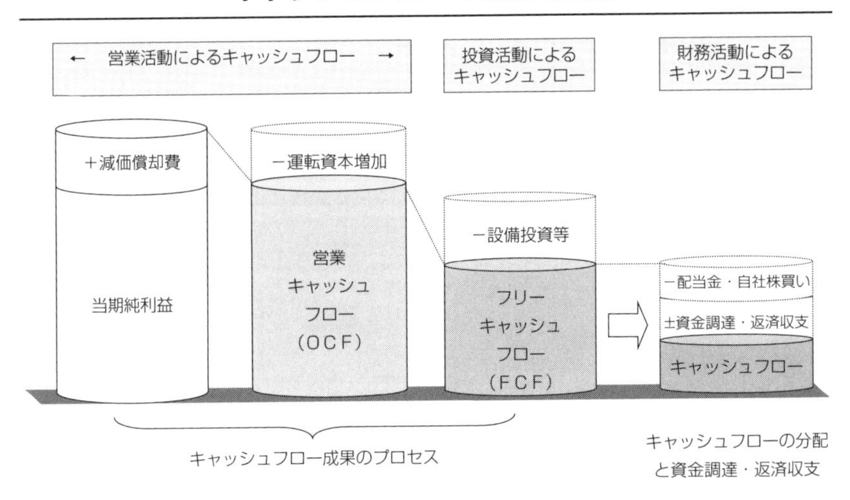

「フリーキャッシュフロー」±「キャッシュフロー成果分配と資本調達・返済収支（財務収支）」
＝「キャッシュフロー」

キャッシュフローベースの経営成果となるフリーキャッシュフローを計算する場合は、成果の分配や資金調達・返済収支は計算に入れません。これは会計利益の計算で配当金や借入金の返済額を差し引かないのと同じことです。

キャッシュフローベースで、「キャッシュフロー成果」＋「キャッシュフロー成果分配と資本調達・返済収支」＝「キャッシュフロー」であり、営業キャッシュフローやフリーキャッシュフローは「経営成果」として算出されるものです。

3　フリーキャッシュフローと営業キャッシュフロー

（1）フリーキャッシュフロー（Free Cash Flow）

フリーキャッシュフロー

フリーキャッシュフローは、企業が経営活動の結果、新たに生み出す資金成果です。この成果は、自由に利用・処分できるキャッシュフローとして、借入金の返済、配当金の支払い、自社株式の購入などの資金原資となります。また企業（事業）価値の評価要素としても利用されます。その際には事業の本質的価値を評価するため、税引後営業利益（NOPAT)を基礎に算出します。

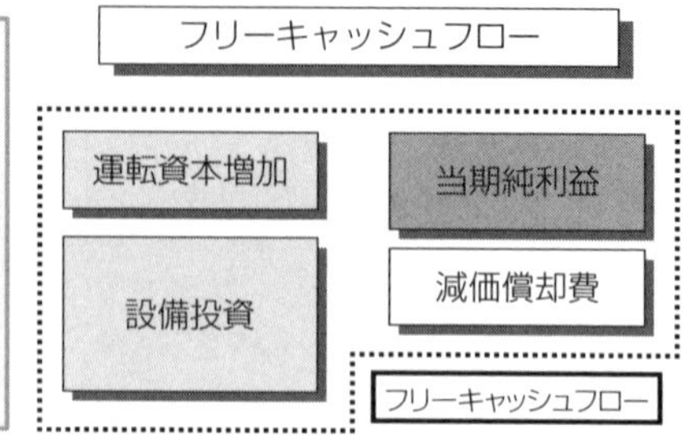

キャッシュフロー計算書の「営業活動によるキャッシュフロー」と「投資活動によるキャッシュフロー」を合算したキャッシュフローを、一般に純現金収支（フリーキャッシュフロー）と呼んでいます。

「フリーキャッシュフロー＝当期純利益①＋減価償却費②－運転資本増加③－設備投資④」ですが、キャッシュフロー計算書の営業活動と投資活動によるキャッシュフローを合算すると①～④のすべてを含んでいることから、純現金収支はフリーキャッシュフローに相当する金額と言えます。

（2）営業キャッシュフロー（Operating Cash Flow）

営業キャッシュフロー

営業キャッシュフローは、設備投資による支出額を控除する前の資金成果です。この成果は原則としてプラスであることが要求されます。営業キャッシュフローがマイナスであるということは、設備投資はもとより、仕入や給与など日常的な支払いも自力でできない状態であることを意味しており、マイナス状態が継続すると経営危機をまねく可能性もあります。

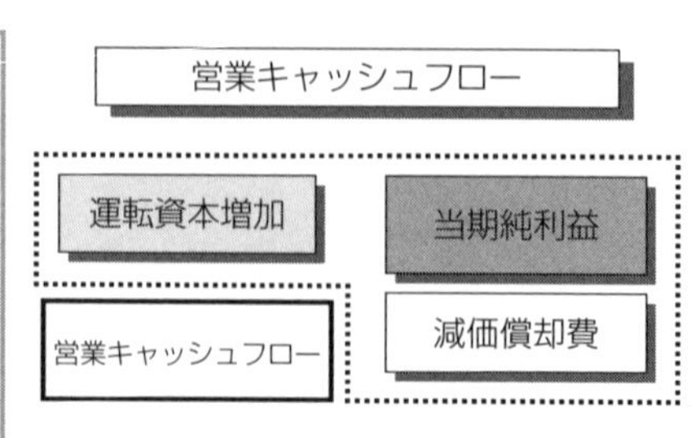

営業キャッシュフロー＝当期純利益＋減価償却費－運転資本増加

営業キャッシュフローは投資前キャッシュフローとして、キャッシュフロー計算書の営業活動によるキャッシュフローに相当する金額と言えます。

キャッシュフロー計算書から計算するフリーキャッシュフロー

連結キャッシュフロー計算書　（単位：百万円）

科　目	X01年3月期	X02年3月期	X03年3月期	
Ⅰ．営業活動によるキャッシュフロー				
税金等調整前当期純利益	4,585	5,015	4,982	
減価償却費	1,456	1,398	1,500	
売上債権の増減額	45	△ 18	65	
棚卸資産の増減額	△ 178	68	△ 45	
仕入債務の増減額	△ 14	28	△ 55	
退職給付費用	250	256	271	
退職給付引当金の取崩による支払額	△ 186	△ 280	△ 208	
法人税等の支払額	△ 1,859	△ 2,000	△ 1,979	
その他	25	△ 4	41	
合　計　①（営業キャッシュフロー）	4,124	4,463	4,572	←営業活動から安定的かつ十分な資金成果が得られているか
Ⅱ．投資活動によるキャッシュフロー				
短期投資の純増減額	410	10	△ 75	
固定資産の取得・売却による収支	△ 1,253	△ 1,574	△ 1,808	
投資有価証券の取得・売却による収支	△ 60	△ 38	△ 45	
その他	△ 87	△ 26	△ 37	
合　計　②	△ 990	△ 1,628	△ 1,965	
①+②（純現金収支（フリーキャッシュフロー））	3,134	2,835	2,607	←営業活動に投資活動も加えた、最終的に自由に利用・処分できる資金成果が得られているか
Ⅲ．財務活動によるキャッシュフロー				
借入金の増減額	△ 1,254	△ 2,047	△ 1,987	
配当金の支払額	△ 296	△ 297	△ 300	
その他	17	△ 2	△ 8	
合　計	△ 1,533	△ 2,346	△ 2,295	
Ⅴ．現金及び現金同等物の増減額	1,601	489	312	
Ⅵ．現金及び現金同等物の期首残高	881	2,482	2,971	
Ⅶ．現金及び現金同等物の期末残高	2,482	2,971	3,283	

注意点：キャッシュフロー計算書における営業活動によるキャッシュフローと投資活動によるキャッシュフローを合算した金額をフリーキャッシュフローとみなす場合には、注意が必要です。

それは、投資活動によるキャッシュフローに資金運用の一部となる短期投資の増減が含まれている点です。たとえば普通預金（資金の範囲）から半年定期預金（資金の範囲外）に預け替えると「投資活動」として資金のマイナスとなるため、フリーキャッシュフローに成果としてのキャッシュフロー以外の要素が入り込むこととなります。

具体的には以下のように計算することで、より適正なフリーキャッシュフローになります。

フリーキャッシュフロー＝営業活動によるキャッシュフロー
＋投資活動によるキャッシュフロー（短期投資による増減を除く）

4　会社の健康状態はココに出る！

フリーキャッシュフローを向上させるために注意すべき点は何かを考えてみましょう。それは、日々の営業循環活動を反映する運転資本の残高が連続して増えていないかどうかです。

次頁の図（上）で明らかなように売上債権と棚卸資産は将来の現預金のプラスであり、仕入債務は将来の現預金のマイナスになります。これら純額としての運転資本は、入金待ちとなるお金です。拘束されている将来のお金とも言えるでしょう。運転資本の残高が増えるということは資金的な負担が重くなっていることを意味します。

一方で、運転資本を持つことは継続的な取引を行う上で“商売の潤滑油”となるメリットがあります。取引の都度に資金決済が必要であったり、在庫を持たず出荷に多くの日数がかかったりするようでは継続的な取引に支障が生じます。必要ではあるものの多すぎると資金繰りを悪化させるのが運転資本です。企業の毎日の営業活動から発生する運転資本は、日常的な経営管理の中心になると言えるでしょう。運転資本の回転が止まると、人間の体内の血液の流れが止まるようにきわめて危険な状態に陥ります。

この点を事例で検証してみましょう。右頁の表（下）は不動産関連ビジネスで高成長したものの、2008年８月に民事再生手続開始を申立て、その後解散したアーバンコーポレイションの損益計算書と貸借対照表の一部です。損益計算書からは破綻の可能性は読めません。しかし、貸借対照表を見ると明らかに危険な状態でした。棚卸資産が大きく膨張し、矢印で示すとおり現金及び預金へのお金の通りみちがふさがれている様子が読めます。

損益計算書だけでは未来が読めない。貸借対照表の理解と活用は、未来志向の管理会計を使いこなす上で非常に重要です。

会社の健康状態の変化は運転資本に出る

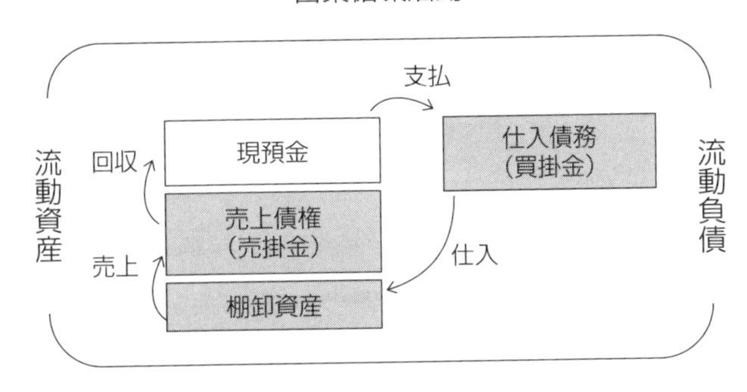

損益計算書だけでは経営実態は読めない
貸借対照表の運転資本を見れば経営実態（健康状態）の悪化が読める

アーバンコーポレイション連結損益計算書の一部　（単位：百万円）

	2006年3月期	2007年3月期	2008年3月期
売上高	64,349	180,543	243,685
営業利益	12,025	61,271	69,636
経常利益	10,677	56,398	61,677
当期純利益	7,868	30,039	31,127

アーバンコーポレイション連結貸借対照表の一部　（単位：百万円）

	2006年3月期	2007年3月期	2008年3月期
現金及び預金	28,127	60,189	45,298
受取手形及び売掛金	4,196	2,609	2,333
棚卸資産	73,733	293,001	437,778
共同事業出資金	21,761	18,936	37,358
不動産事業有価証券	25,140	6,473	3,852
繰延税金資産	6,623	3,793	4,554
その他	5,612	13,035	25,816
貸倒引当金	△ 256	△ 277	△ 690
流動資産	164,937	397,761	556,301

第6章

経営計画の立て方

経営計画で重要なポイントは何ですか？

- 確実に達成するための努力目標であること（コミットメント）
- 証明可能な計画であること（アカウンタビリティ）
- わかりやすいこと（モチベーション）

1　経営計画とは

❶　経営計画の目的と留意点

(1) 経営計画の必要性

経営計画は企業経営に対する経営者の基本的な方針と目標を明確に定め、それを確実に達成するための具体策を総合的に示したもの（みちしるべ）です。会社が向かうべき目的地とそのためのステップを経営者が明確にするものであり、もっとも重要な経営施策のひとつです。

ビジネスでの勝敗には、事前の準備と変化への対応の如何が大きく影響します。事前の準備として、現状での会社の強みと課題の分析、その上で実現可能で努力目標となる経営計画が必要です。

経営計画による目標の定めがない会社は、目的地の定めのない航海に出ているようなもの。良い結果を生み出すために計画は必要です。

(2) バランスのとれた成長を目指す

ここで重要なことは、会社にとって望ましい将来の姿を、売上高や利益だけでとらえないということです。会社をヒトにたとえると、会社の成長は売上や利益を伸ばす（身長が伸びる）ことだけではありません。健康で柔軟な体と、体内をよどみなく血液が流れるような弾力性ある血管も持っていたいものです。会社にとっての健康的で柔軟な体や弾力性ある血管、さらによどみのない血液の流れが実現しているかどうかはバランスシートとキャッシュフローの情報によって明らかになります。売上や利益を連続して伸ばしてきた会社が突然のように倒産することがありますが、そのリスクは財政状態やキャッシュフローを犠牲にした売上や利益成長である場合に表れます。利益成長を目標とする場合でも、財政や資金面での犠牲をともなわない、バランスのとれた成長が“持続可能な成長”となります。

経営計画の3つの要素と重要ポイント

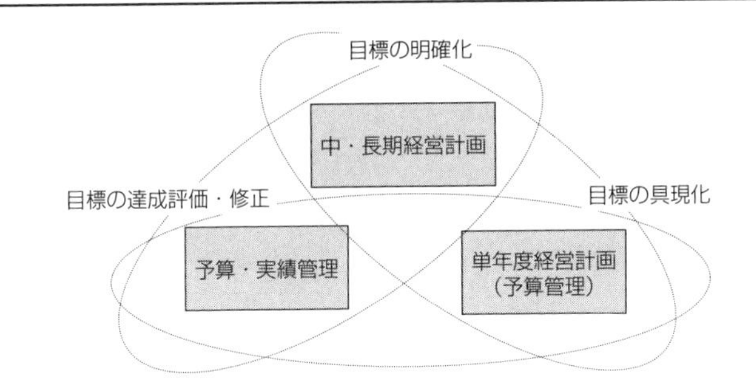

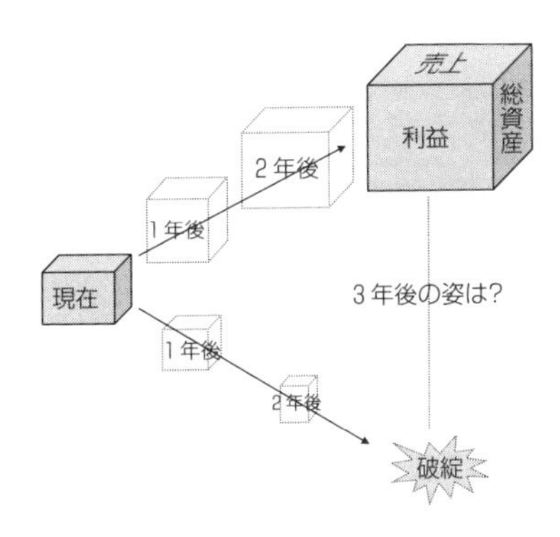

経営計画には、①中・長期経営計画、②単年度経営計画、③予算・実績管理の３つの要素で構成されます。「Plan-Do-See」の継続した取組みであり、確実に目標を達成させるために必要なプロセスです。

経営計画で重要なポイントは：

Point 1 ：**確実**に達成するための努力目標たる計画であること（コミットメント）
　　－努力すれば確実に達成できる

Point 2 ：**説明可能**な計画であること（アカウンタビリティ）
　　－計画数値が説明可能な根拠をもっている

Point 3 ：**分かりやすい**計画であること（モチベーション）
　　－全社員が目標に向けて何をすべきかが分かる

❷ 安定成長のための経営計画

（1）経営計画を検査する

経営計画を検査する、これは聞き慣れない言葉ですが、作成するものであればチェックが必要でしょう。製品や商品の検査、決算書の作成者によるチェック、監査役や監事による内部監査、さらには外部監査というように、チェックのないままで製品・商品、そして決算書を世に出すことはありません。

経営計画も同様に、計画が望ましい目標を定めているか、また望ましい計画を達成する上で必要十分な手続きが織り込まれているかどうかをチェックする必要があります。ここで望ましい計画というのは、損益と財政、さらにキャッシュフローのバランスのとれた目標となっている計画です。

経営計画は目標とすべき経営数値（目的地）と、そこにたどり着くために必要なプロセスを明らかに示す「経営地図」です。目標の設定手続き、そしてプロセスに無理や誤りがないかどうかをチェックする手続きも事前に組み入れておきたいものです。

（2）経営計画に必要な管理会計のツール

損益・財政・キャッシュフローのバランスのとれた目標かどうかのチェックは、特別に難しいことではありません。財務諸表分析は実績数値だけでなく、経営計画における将来の数値も対象としているのです。すなわち経営計画では、「財務諸表分析」の各種手法、さらに利益やキャッシュフロー改善のための「短期利益計画とキャッシュフロー業績管理」における経営改善手法を活用することで、より確実に目標を実現させていきます。

望ましい経営計画とするための事前チェック

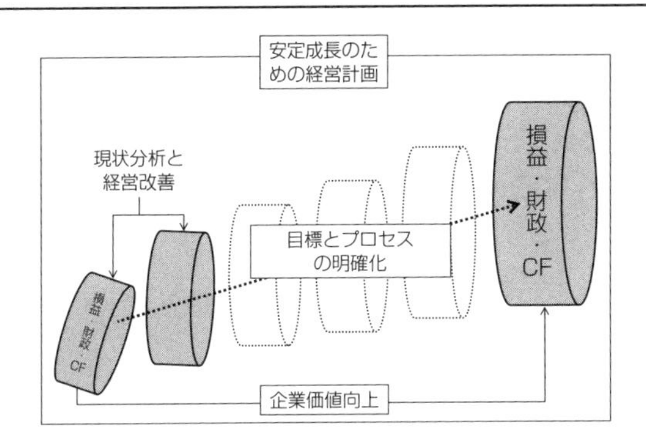

中・短期経営目標の例

①中期経営目標

3年後の経営目標　　818＆ゼロ　計画
●売上高増加率　年８％
●売上高営業利益率　18％
●事業借入金　ゼロ
●ROA　18％　ROE 14％

今回の中期経営計画では、大きな投資を予定せず、現在の人員を維持し、収益性を向上させることを目標とします。生み出されたフリーキャッシュフローは借入金の返済に優先して使用することとします。

②単年度（短期）目標

●売上243百万円、営業利益36百万円、
　営業キャッシュフロー33百万円
●一人当たり売上高８％、付加価値額９％アップと平均昇給率６％（３期継続）

中期目標のみではなく、あわせて短期目標も立てます。中期目標達成への道は初年度から始まっているからです。

2　ケーススタディ：計画立案のための現状分析

❶　利益が出やすい状態になっているか 過去2期の実績からの「損益分岐点と費用構造分析」

（単位：千円）

		X01/3期（実）	X02/3期（実）	実績合計	伸び率
売上高		213,934	225,337	439,271	5.3%
売上区分別	商品A（または店舗、得意先、担当者別）	32,749	34,273	67,022	4.7%
	商品B	25,873	26,438	52,311	2.2%
	商品C	22,326	23,672	45,998	6.0%
	商品D	19,830	19,938	39,768	0.5%
	商品E	18,730	17,850	36,580	-4.7%
	商品F	17,492	17,732	35,224	1.4%
	商品G	16,538	16,458	32,996	-0.5%
	商品H	14,274	15,638	29,912	9.6%
	商品I	12,649	14,590	27,239	15.3%
	その他	33,473	38,748	72,221	15.8%
売上原価（変動費）		38,459	42,748	81,207	11.2%
	原価率（変動費）	18.0%	19.0%	18.5%	
売上総利益（固定費控除前）		175,475	182,589	358,064	4.1%
変動販売費及び一般管理費		27,811	29,169	56,980	4.9%
	販売手数料	8,557	9,237	17,794	7.9%
	荷造運賃	4,279	4,538	8,817	6.1%
	その他	14,975	15,394	30,369	2.8%
限界利益		147,664	153,420	301,084	3.9%
	限界利益率	69.0%	68.1%	68.5%	
固定製造費、固定販売費及び一般管理費		118,082	124,406	242,488	5.4%
	人件費（賃金・給与・賞与・福利厚生費等）	74,780	78,089	152,869	4.4%
	賃借料	10,290	10,290	20,580	0.0%
	租税公課	2,109	2,117	4,226	0.4%
	減価償却費・償却費	12,263	12,540	24,803	2.3%
	その他	18,640	21,370	40,010	14.6%
営業利益		29,582	29,014	58,596	-1.9%
	営業外収益	320	324	644	1.3%
	受取利息·配当金	120	124	244	3.3%
	その他営業外収益	200	200	400	0.0%
	営業外費用	2,100	1,920	4,020	-8.6%
	支払利息	1,887	1,653	3,540	-12.4%
	その他営業外費用	213	267	480	25.4%
経常利益		27,802	27,418	55,220	-1.4%
	特別利益	0	0	0	
	特別損失	0	0	0	
税引前利益		27,802	27,418	55,220	-1.4%
法人税、住民税及び事業税		11,121	10,967	22,088	
当期純利益		16,681	16,451	33,132	-1.4%

経営計画に織り込む損益面の改善チェックポイント

経営計画を作成する準備作業として、適正な計画にするために必要な課題と対応策の整理を行います。

Check１：損益分岐点

まず、最初に営業利益ベースでの損益分岐点分析を計算してみましょう。

損益分岐点売上高＝固定費（実績合計値÷２）÷限界利益率
＝（242,488÷２）÷68.5%　＝　176,999千円

Check２：売上高と売上原価からの課題の分析

売上高と売上原価の伸び方から、どんな課題が見えているでしょうか。

売上の伸び（5.3%）より売上原価（変動費）（11.2%）の伸びが大きいため、利益の圧迫要因となる。
原因として、原価の上昇、販売商品の販売単価の下落、あるいは付加価値の高い商品の売れ行き不振が考えられる。

Check３：営業利益の分析

営業利益が減少している原因を、変動費・限界利益と固定費の両面から分析しましょう。

限界利益5,756（＝153,420-147,664）千円の増加①
固定費6,324（＝124,406-118,082）千円の増加②
差引営業利益の減少　568千円（①－②）

Check４：計画に織り込む改善ポイント

経営計画の作成にあたり、どんな改善ポイントを織り込むことになるでしょうか。

固定費の増加をできる限り抑制
変動費率の低下（限界利益率の向上）

❷ 人件費の伸びを維持できるか、必要な対策「付加価値分析」

実績データからの付加価値

（付加価値分析）　　　　　　　　　　　　　　　　　　　　　　（単位：千円）

		X01/３期（実）	X02/３期（実）	実績合計	伸び率（分配率は差引）
付加価値	人件費（賃金・給与・賞与・福利厚生費等）	74,780	78,089	152,869	4.4%
	減価償却費・償却費	12,263	12,540	24,803	2.3%
	賃借料	10,290	10,290	20,580	0.0%
	租税公課	2,109	2,117	4,226	0.4%
	支払利息	1,887	1,653	3,540	-12.4%
	経常利益	27,802	27,418	55,220	-1.4%
付加価値		129,131	132,107	261,238	2.3%
	従業員数（人）	12	12	-	-
	一人当たり付加価値	10,761	11,009	-	2.3%
	労働分配率	57.9%	59.1%	58.5%	1.2

生産性の向上をともなう人件費の伸びであるかどうか、付加価値分析を行います。

Check：生産性分析

付加価値の伸びは適正といえるでしょうか（分析過程と結論）。

①売上高と付加価値

売上高の伸びにくらべて付加価値の伸びは低い（付加価値の低い売上の増加）。

②人件費と付加価値

人件費の伸びに対して付加価値の伸びは低い。

結果として労働分配率は1.2ポイント（57.9％→59.1％）上昇している。

（結論）

昇給を維持するためにも付加価値の向上が必要。

経営計画に織り込む生産性の改善ポイント

人件費と労働分配率から人事コストに関する課題と解決策を考えます。

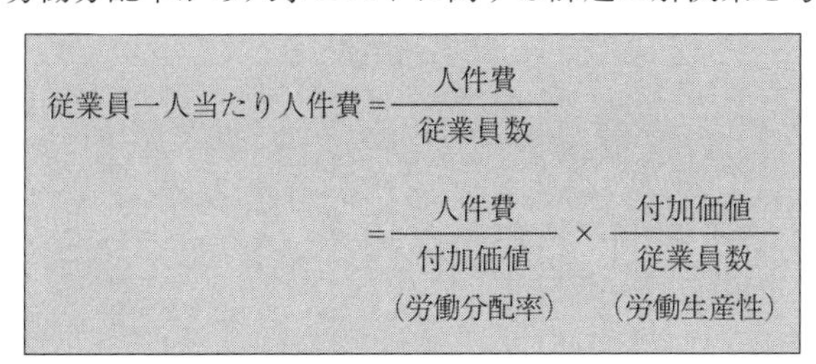

人件費の増加（左辺の増加）は、労働分配率の上昇と労働生産性の向上（右辺の増加）によってまかなわれることになります。企業組織の活性化のためには労働生産性の向上によって分配面を考慮したバランス良い維持可能な処遇制度とすることが大切です。

❸ 計画上のコストや支払能力に影響する財務リスクの現状分析「貸借対照表分析」

貸借対照表

（単位：千円）

	X01/３期（実）	X02/３期（実）	伸び率
資産の部			
流動資産			
現預金	38,187	40,651	6.5%
受取手形･売掛金	21,393	22,534	5.3%
棚卸資産	1,315	1,585	20.5%
その他	8,394	8,273	-1.4%
流動資産　計	69,289	73,043	5.4%
有形･無形固定資産　計	67,602	67,474	-0.2%
投資等	118,000	118,000	0.0%
総資産	254,891	258,517	1.4%

負債及び純資産の部	X01/３期（実）	X02/３期（実）	伸び率
流動負債			
支払手形・買掛金	1,973	2,378	20.5%
短期借入金	0	0	
その他	1,300	1,430	10.0%
流動負債　計	3,273	3,808	16.3%
固定負債			
長期借入金	62,890	47,280	-24.8%
その他	45,000	47,250	5.0%
固定負債　計	107,890	94,530	-12.4%
純資産	143,728	160,179	11.4%
負債及び純資産　合計	254,891	258,517	1.4%

損益計算（要約）

（単位：千円）

（抜粋）	X01/３期（実）	X02/３期（実）	伸び率
売上高	213,934	225,337	5.3%
営業利益（A）	29,582	29,014	-1.9%
税引前利益	27,802	27,418	-1.4%
法人税、住民税及び事業税	11,121	10,967	-1.4%
当期純利益	16,681	16,451	-1.4%
受取利息及び配当金（B）	120	124	3.3%
支払利息	1,887	1,653	-12.4%
事業利益（＝A＋B）	29,702	29,138	-1.9%

経営計画に織り込む財務面の改善ポイント

借入金の利用がROEに対してプラスに作用しているかどうかです。

Check 1 ：財務レバレッジ効果

現時点で財務レバレッジ（財務リスク）上に問題はあるでしょうか。

分析指標

	X01/３期（実）	X02/３期（実）	増減
収益性			
ROA	11.7%	11.3%	-0.4
実質負担金利	3.0%	3.5%	0.5
レバレッジ効果（ROA-実質負担金利）	8.7%	7.8%	-0.9
ROE	11.6%	10.3%	-1.3

財務レバレッジ効果とはROAが金利（表では実績負担金利）を上回る場合に、収益獲得のために負債を増やすことでROEが高まるという効果のことです。実績データからはレバレッジ効果が8.7％と7.8％となっており、各期ともプラスの効果を得られています。

（結論）

財務レバレッジ（財務リスク）上に問題はない。

Check 2 ：ROAとROEの低下

ROAやROEの低下は問題でしょうか。

（回答）

資産や資本が有効に使われていない（収益性の低下）。

現在は問題になりませんが、将来において借入金が多くなり、金利よりROAが低くなる（レバレッジ効果がマイナスとなる）と元利金の返済が困難になってきますので、さらなる低下を防ぎましょう。

❹ 適正な計画にするために必要な課題と対応策の整理

（1）損益面と生産性の現状課題と対策

A）売上高の伸びより売上原価の伸びが大きい。

>>>　原価低減、付加価値向上、顧客対策

原因として、原価の上昇、販売商品の販売単価の下落、あるいは付加価値の高い商品の売れ行き不振が考えられていました。原価の上昇に対しては、仕入先との価格交渉も含め、さらなる原価低減のための施策を実行します。

販売単価の下落に対しては顧客ニーズに合った商品の開発につとめ、付加価値向上を進めます。

B）営業利益の減益

>>>　固定費の増加抑制、変動費率の低下（限界利益率の向上）

限界利益が5,756千円増加したものの、固定費が6,324千円増加し、差引営業利益は568千円の減少となっていました。限界利益の増加効果が固定費の増加によって打ち消された結果となりました。今後も昇給目標によって人件費の増加が予定されるなか、さらなる限界利益を生み出し、同時に人件費以外の固定費の発生を抑えることによって、昇給と利益拡大を実現します。

C）人件費の伸びが付加価値の伸びを上回る

>>>　利益の向上

人件費の伸びを付加価値の伸びで吸収できず、労働分配率の上昇をまねいています。利益向上で付加価値を大きく伸ばします。

（2）財務面の現状課題と対策

A）ROA、ROEの低下　>>>　**資本効率の改善、有利子負債の返済促進**

B）レバレッジ効果の悪化　>>>　**利益の増加、余剰資金の利用**

利益拡大とともに総資産の増加を抑えることでROAを優先的に改善します。現時点では成長投資の機会が見当たらないため、フリーキャッシュフローを有利子負債の返済に優先的に使用します。

Point 1 ：損益の現状課題と対策

A）売上高と売上原価の伸び

（単位：千円）

	X01/ 3 期（実）	X02/ 3 期（実）	実績合計	伸び率
売上高	213,934	225,337	439,271	5.3%
売上原価（変動費）	38,459	42,748	81,207	11.2%

売上高の伸びよりも売上原価の伸びが大きい

B）営業利益の減益

（単位：千円）

	X01/ 3 期	X02/ 3 期	実績合計	伸び率
営業利益	29,582	29,014	58,596	-1.9%

減益

C）人件費と付加価値の伸び

（付加価値分析）　（単位：千円）

		X01/ 3 期（実）	X02/ 3 期（実）	実績合計	伸び率（分配率は差引）
付加価値	人件費（賃金・給与・賞与・福利厚生費等）	74,780	78,089	152,869	4.4%
	減価償却費・償却費	12,263	12,540	24,803	2.3%
	賃借料	10,290	10,290	20,580	0.0%
	租税公課	2,109	2,117	4,226	0.4%
	支払利息	1,887	1,653	3,540	-12.4%
	経常利益	27,802	27,418	55,220	-1.4%
付加価値		129,131	132,107	261,238	2.3%
従業員数（人）		12	12	-	-
一人当たり付加価値		10,761	11,009	-	2.3%
労働分配率		57.9%	59.1%	58.5%	1.2

人件費の伸びが付加価値の伸びを上回る

Point 2 ：財政状態の現状課題と対策

	X01/ 3 期（実）	X02/ 3 期（実）	増減
収益性			
ROA	11.7%	11.3%	-0.4
実質負担金利	3.0%	3.5%	0.5
レバレッジ効果（ROA－実質負担金利）	8.7%	7.8%	-0.9
ROE	11.6%	10.3%	-1.3

ROA（事業利益÷総資産）向上のため、利益（分子）拡大と総資産（分母）の増加を抑制する

3　ケーススタディ：「実践！ 3年経営計画」と説明ポイント

❶ 損益計算書項目の計画

（1）売上高の区分別計画値（地域別、店舗別または商品別等）の決定

（単位：千円）

		X02/3期（実）	X03/3期（予）	X04/3期（予）	X05/3期（予）	目標伸び率（※）
売上高		225,337	243,898	264,710	288,100	8.2%
売上区分別	商品A	34,273	35,987	37,786	39,675	5.0%
	商品B	26,438	27,496	28,596	29,740	4.0%
	商品C	23,672	26,039	28,643	31,507	10.0%
	商品D	19,938	20,536	21,152	21,787	3.0%
	商品E	17,850	18,207	18,571	18,942	2.0%
	商品F	17,732	18,441	19,179	19,946	4.0%
	商品G	16,458	17,116	17,801	18,513	4.0%
	商品H	15,638	17,671	19,968	22,564	13.0%
	商品I	14,590	17,070	19,972	23,367	17.0%
	その他	38,748	45,335	53,042	62,059	17.0%

（2）費用項目は変動費と固定費に分けて目標伸び率を決定

（単位：千円）

	X02/3期（実）	X03/3期（予）	X04/3期（予）	X05/3期（予）	目標伸び率（※）
売上原価（変動費）	42,748	45,954	49,401	53,106	7.5%
原価率（変動費）	19.0%	18.8%	18.7%	18.4%	
売上総利益（固定費控除前）	182,589	197,944	215,309	234,994	8.4%
変動販売費及び一般管理費	29,169	30,807	32,559	34,434	5.8%
販売手数料	9,237	10,050	10,934	11,896	8.8%
荷造運賃	4,538	4,901	5,293	5,716	8.0%
その他	15,394	15,856	16,332	16,822	3.0%
限界利益	153,420	167,137	182,750	200,560	8.9%
限界利益率	68.1%	68.5%	69.0%	69.6%	
固定製造費、固定販売費及び一般管理費	124,406	130,784	137,301	144,112	5.1%
人件費	78,089	82,774	87,740	93,004	6.0%
賃借料	10,290	10,290	10,290	10,290	0.0%
租税公課	2,117	2,117	2,117	2,117	0.0%
減価償却費・償却費	12,540	12,951	13,143	13,249	設備計画連動
その他	21,370	22,652	24,011	25,452	6.0%
営業利益	29,014	36,353	45,449	56,448	24.2%

売上高と各種費用項目の計画と説明ポイント

Point 1：売上高

A）売上高の各区分別計画値である「目標伸び率」を決定します。

B）「目標伸び率」は一律に決めるのではなく、個別の状況や担当管理者の達成目標値として個々に決定します。

C）伸び率は高ければ良いのではなく、達成可能かつ努力目標値となり、人事処遇制度にもリンクさせるのが良いでしょう。

Point 2：各種費用項目

A）費用は固定費と変動費に分けて集計します。変動費は売上高に連動する費用です。変動費の目標伸び率は売上高の伸び率を上回らないようにコスト管理を徹底します。

B）限界利益をより多く獲得することが利益拡大の基本です。得意先からの値下げ要請を受けていますので、仕入原価の低減も課題となります。

C）売上高に連動しない固定費のうち、人件費の伸び率を決定しています。これは経営目標に掲げているものです。

●一人当たり売上高8％、付加価値額9％アップと平均昇給率6％

（3）売上高の増加と付加価値の増加、昇給によるコストアップを吸収するポイント

損益計算書（売上高から限界利益）

（単位：千円）

		X02/3期（実）	X03/3期（予）	X04/3期（予）	X05/3期（予）	目標伸び率（※）
売上高		225,337	243,898	264,710	288,100	8.2%
売上区分別	商品A	34,273	35,987	37,786	39,675	5.0%
	商品B	26,438	27,496	28,596	29,740	4.0%
	商品C	23,672	26,039	28,643	31,507	10.0%
	商品D	19,938	20,536	21,152	21,787	3.0%
	商品E	17,850	18,207	18,571	18,942	2.0%
	商品F	17,732	18,441	19,179	19,946	4.0%
	商品G	16,458	17,116	17,801	18,513	4.0%
	商品H	15,638	17,671	19,968	22,564	13.0%
	商品I	14,590	17,070	19,972	23,367	17.0%
	その他	38,748	45,335	53,042	62,059	17.0%
売上原価（変動費）		42,748	45,954	49,401	53,106	7.5%
原価率（変動費）		19.0%	18.8%	18.7%	18.4%	
売上総利益（固定費控除前）		182,589	197,944	215,309	234,994	8.4%
変動販売費及び一般管理費		29,169	30,807	32,559	34,434	5.8%
販売手数料		9,237	10,050	10,934	11,896	8.8%
荷造運賃		4,538	4,901	5,293	5,716	8.0%
その他		15,394	15,856	16,332	16,822	3.0%
限界利益		153,420	167,137	182,750	200,560	8.9%
限界利益率		68.1%	68.5%	69.0%	69.6%	

※目標伸び率には、利益・収益項目は3年間での最低伸び率、費用項目は同期間での最大伸び率、他の数値は目標値又は連動値を記入しています。

損益計算書（限界利益から当期純利益）

（単位：千円）

	X02/3期（実）	X03/3期（予）	X04/3期（予）	X05/3期（予）	目標伸び率（※）
限界利益	153,420	167,137	182,750	200,560	8.9%
限界利益率	68.1%	68.5%	69.0%	69.6%	
固定製造費、固定販売費及び一般管理費	124,406	130,784	137,301	144,112	5.1%
人件費	78,089	82,774	87,740	93,004	6.0%
賃借料	10,290	10,290	10,290	10,290	0.0%
租税公課	2,117	2,117	2,117	2,117	0.0%
減価償却費・償却費	12,540	12,951	13,143	13,249	設備計画連動
その他	21,370	22,652	24,011	25,452	6.0%
営業利益	29,014	36,353	45,449	56,448	24.2%
営業利益率	12.9%	14.9%	17.2%	19.6%	
営業外収益	324	356	392	431	9.9%
受取利息・配当金	124	143	164	189	15.0%
その他営業外収益	200	213	228	242	
営業外費用	1,920	1,419	980	470	-26.1%
支払利息	1,653	1,219	780	270	借入等連動
その他営業外費用	267	200	200	200	
経常利益	27,418	35,290	44,861	56,409	25.7%
税引前利益	27,418	35,290	44,861	56,409	25.7%
法人税、住民税及び事業税	10,967	14,116	17,944	22,564	
当期純利益	16,451	21,174	26,917	33,845	25.7%

Check：3年後（X05/3期）の損益分岐点を計算しましょう。

損益分岐点売上高＝固定費÷限界利益率

＝144,112÷69.6（69.615）％　≒　207,013千円

目標営業利益を確認しましょう。

目標営業利益＝（計画売上高－損益分岐点売上高）×限界利益率

＝（288,100－207,013）×69.6（69.615）％

≒56,448千円

（損益計算書についての分析）

A）実績の課題は計画にどのように織り込まれているでしょうか。

「その他売上」の増加に見られるように新規顧客の開拓

既存顧客への販売強化と原価率低減（仕入単価の値下げ要請等）

B）計画での営業利益は、売上高の伸びを大きく上回っていますが、その要因は何でしょうか。

売上高の増加を上回る限界利益の増加　　固定費は増加抑制

C）経営目標との整合性をチェックしましょう。

●３年後の目標　　売上高増加率　年８％

売上高営業利益率　18%

●単年度（X03/３期）目標

売上243百万円、営業利益36百万円

（付加価値についての分析）

（付加価値分析）　　（単位：千円）

		X01/３期（実）	X02/３期（実）	実績合計	伸び率（分配率は差引）	X03/３期（予）	X04/３期（予）	X05/３期（予）	伸び率（分配率は差引）※
付加価値	人件費	74,780	78,089	152,869	4.4%	82,774	87,740	93,004	6.0%
	償却費	12,263	12,540	24,803	2.3%	12,951	13,143	13,249	0.8%
	賃借料	10,290	10,290	20,580	0.0%	10,290	10,290	10,290	0.0%
	租税公課	2,109	2,117	4,226	0.4%	2,117	2,117	2,117	0.0%
	支払利息	1,887	1,653	3,540	-12.4%	1,219	780	270	-65.4%
	経常利益	27,802	27,418	55,220	-1.4%	35,290	44,861	56,409	25.7%
付加価値		129,131	132,107	261,238	2.3%	144,641	158,931	175,339	9.5%
従業員数（人）		12	12	-		12	12	12	
一人当たり付加価値		10,761	11,009	-	2.3%	12,053	13,244	14,612	9.5%
労働分配率		57.9%	59.1%	58.5%	1.2	57.2%	55.2%	53.0%	-2.2

※期間での最低伸び率

Check：

A）付加価値の伸びが売上高の伸びを上回っています。その主因はどこにあるでしょうか。

経常利益の向上

B）単年度目標との整合性をチェックしましょう。

●単年度目標　　「一人当たり売上高８％、付加価値額９％アップと

平均昇給率6％」・・・計画上でクリア

（4）売上債権、棚卸資産、仕入債務は売上高と連動

貸借対照表

（単位：千円）

	X01/3期（実）	X02/3期（実）	X03/3期（予）	X04/3期（予）	X05/3期（予）
資産の部					
流動資産					
現預金	38,187	40,651	45,546	56,593	72,326
受取手形·売掛金	21,393	22,534	24,390	26,471	28,810
棚卸資産	1,315	1,585	1,610	1,748	1,902
その他	8,394	8,273	8,200	8,200	8,400
流動資産計	69,289	73,043	79,746	93,012	111,438

負債及び純資産の部	X01/3期（実）	X02/3期（実）	X03/3期（予）	X04/3期（予）	X05/3期（予）
流動負債					
買掛金・支払手形	1,973	2,378	2,416	2,622	2,854
短期借入金	0	0	0	0	0
その他	1,300	1,430	1,500	1,500	1,600
流動負債計	3,273	3,808	3,916	4,122	4,454

（抜粋）	X01/3期（実）	X02/3期（実）	X03/3期（予）	X04/3期（予）	X05/3期（予）
売上高	213,934	225,337	243,898	264,710	288,100
営業利益（A）	29,582	29,014	36,353	45,449	56,448

Check：売上債権、棚卸資産、仕入債務は過去2期間の平均回転期間で計算しています。以下はX03/3期の残高の計算プロセスです。

①売上債権（受取手形・売掛金）

平均売上債権回転期間＝（21,393+22,534）÷2/（(213,934+225,337)÷2）÷12≒1.2

売上債権（X03/3期）＝（243,898÷12）×1.2

≒24,390千円

②棚卸資産

平均棚卸資産回転期間＝（1,315+1,585）÷2/（(213,934+225,337)÷

2）÷12≒0.0792

棚卸資産（X03/ 3 期）＝（243,898÷12）×0.0792

≒1,610千円

③仕入債務（支払手形・買掛金）

平均仕入債務回転期間＝（1,973+2,378）÷ 2 /（(213,934+225,337）÷ 2）÷12≒0.11886

仕入債務（X03/ 3 期）＝（243,898÷12）×0.11886

≒2,416千円

（5）固定資産や減価償却費は設備投資計画と連動

貸借対照表

（単位：千円）

	X01/ 3 期（実）	X02/ 3 期（実）	X03/ 3 期（予）	X04/ 3 期（予）	X05/ 3 期（予）
資産の部					
流動資産					
現預金	38,187	40,651	45,546	56,593	72,326
受取手形･売掛金	21,393	22,534	24,390	26,471	28,810
棚卸資産	1,315	1,585	1,610	1,748	1,902
その他	8,394	8,273	8,200	8,200	8,400
流動資産計	69,289	73,043	79,746	93,012	111,438
有形･無形固定資産計	67,602	67,474	69,523	70,380	71,131
投資等	118,000	118,000	120,000	120,000	120,000
総資産	254,891	258,517	269,269	283,392	302,569

設備投資計画

償却率	15%

（単位：千円）

	X01/ 3 期（実）	X02/ 3 期（実）	X03/ 3 期（予）	X04/ 3 期（予）	X05/ 3 期（予）
有形固定資産					
期首残高	60,872	58,873	58,867	60,237	60,551
期中増減額（除く償却）	8,390	10,382	12,000	11,000	12,000
減価償却額	10,389	10,388	10,630	10,686	10,883
期末残高	58,873	58,867	60,237	60,551	61,668
無形固定資産					
期首残高	9,603	8,729	8,607	9,286	9,829
期中増減額（除く償却）	1,000	2,030	3,000	3,000	2,000
償却額	1,874	2,152	2,321	2,457	2,366
期末残高	8,729	8,607	9,286	9,829	9,463
有形・無形固定資産計	67,602	67,474	69,523	70,380	71,131

Check：

貸借対照表の有形・無形固定資産は設備投資計画と連動させます。減価償却費は全体としての償却率（15％）として償却しています。

（例）　X03/３期の有形固定資産減価償却費

（期首残高＋期中取得額）×償却率

＝（58,867+12,000）×15％

≒ 10,630千円

（６）借入金と支払利息

損益計算（要約）

借入金利　3.00%　（単位：千円）

（抜粋）	X01/３期（実）	X02/３期（実）	X03/３期（予）	X04/３期（予）	X05/３期（予）
売上高	213,934	225,337	243,898	264,710	288,100
営業利益（A）	29,582	29,014	36,353	45,449	56,448
税引前利益	27,802	27,418	35,290	44,861	56,409
法人税、住民税及び事業税	11,121	10,967	14,116	17,944	22,564
当期純利益	16,681	16,451	21,174	26,917	33,845
受取利息及び配当金（B）	120	124	143	164	189
支払利息	1,887	1,653	1,219	780	270
事業利益（＝A＋B）	29,702	29,138	36,496	45,613	56,637

負債及び純資産の部	X01/３期（実）	X02/３期（実）	X03/３期（予）	X04/３期（予）	X05/３期（予）
流動負債					
買掛金・支払手形	1,973	2,378	2,416	2,622	2,854
短期借入金	0	0	0	0	0
その他	1,300	1,430	1,500	1,500	1,600
流動負債計	3,273	3,808	3,916	4,122	4,454
固定負債					
長期借入金	62,890	47,280	34,000	18,000	0
その他	45,000	47,250	50,000	53,000	56,000
固定負債計	107,890	94,530	84,000	71,000	56,000

Check：

支払利息は有利子負債（借入金）と連動させます。金利は３％とし、有利子負債の期首・期末の平均残高に掛けて計算しています。

（例） X03/３期の支払利息

（期首有利子負債残高＋期末有利子負債残高）÷２×借入金利

＝（47,280+34,000）÷２×３％

≒ 1,219千円

（７）現預金は他のすべての貸借対照表項目と連動

貸借対照表

（単位：千円）

期	X01/３期（実）	X02/３期（実）	X03/３期（予）	X04/３期（予）	X05/３期（予）
資産の部					
流動資産					
現預金	38,187	40,651	45,546	56,593	72,326
受取手形·売掛金	21,393	22,534	24,390	26,471	28,810
棚卸資産	1,315	1,585	1,610	1,748	1,902
その他	8,394	8,273	8,200	8,200	8,400
流動資産計	69,289	73,043	79,746	93,012	111,438
有形·無形固定資産計	67,602	67,474	69,523	70,380	71,131
投資等	118,000	118,000	120,000	120,000	120,000
総資産	254,891	258,517	269,269	283,392	302,569

負債及び純資産の部	X01/３期（実）	X02/３期（実）	X03/３期（予）	X04/３期（予）	X05/３期（予）
流動負債					
買掛金・支払手形	1,973	2,378	2,416	2,622	2,854
短期借入金	0	0	0	0	0
その他	1,300	1,430	1,500	1,500	1,600
流動負債計	3,273	3,808	3,916	4,122	4,454
固定負債					
長期借入金	62,890	47,280	34,000	18,000	0
その他	45,000	47,250	50,000	53,000	56,000
固定負債計	107,890	94,530	84,000	71,000	56,000
純資産	143,728	160,179	181,353	208,270	242,115
負債及び純資産合計	254,891	258,517	269,269	283,392	302,569

借入金と現預金は相互に影響し合います。現預金の欄は、記入値ではなく現預金以外の項目の貸借差額で求めます。必要資金を維持させつつ、借入金

の返済計画をシミュレーションします。

設備投資や運転資本など資金に影響する項目のシミュレーションもバランスシート上で行えます。

資金調達計画　（単位：千円）

	X03/３期	X04/３期	X05/３期
短期借入金			
期首残高	0	0	0
調達	0	0	0
返済	0	0	0
期末残高	0	0	0
長期借入金			
期首残高	47,280	34,000	18,000
調達	0	0	0
返済（通常）	9,500	9,500	9,500
返済（追加）	3,780	6,500	8,500
期末残高	34,000	18,000	0
長短借入金合計	34,000	18,000	0

現預金は一定額以上の残高を確保できるよう、不足する場合には資金調達を実施します。一方で余剰資金ができた場合には返済を計画します。

(8)経営計画の総合レビューと経営目標との整合性

①損益計算書と付加価値分析

(損益計算書)　　　　　　　　　　　　　　　　　　　　　　　　　(単位：千円)

		X01/3期(実)	X02/3期(実)	実績合計	伸び率	X03/3期(予)	X04/3期(予)	X05/3期(予)	目標伸び率(※)
売上高		213,934	225,337	439,271	5.3%	243,898	264,710	288,100	8.2%
売上区分別	商品A	32,749	34,273	67,022	4.7%	35,987	37,786	39,675	5.0%
	商品B	25,873	26,438	52,311	2.2%	27,496	28,596	29,740	4.0%
	商品C	22,326	23,672	45,998	6.0%	26,039	28,643	31,507	10.0%
	商品D	19,830	19,938	39,768	0.5%	20,536	21,152	21,787	3.0%
	商品E	18,730	17,850	36,580	-4.7%	18,207	18,571	18,942	2.0%
	商品F	17,492	17,732	35,224	1.4%	18,441	19,179	19,946	4.0%
	商品G	16,538	16,458	32,996	-0.5%	17,116	17,801	18,513	4.0%
	商品H	14,274	15,638	29,912	9.6%	17,671	19,968	22,564	13.0%
	商品I	12,649	14,590	27,239	15.3%	17,070	19,972	23,367	17.0%
	その他	33,473	38,748	72,221	15.8%	45,335	53,042	62,059	17.0%
売上原価(変動)		38,459	42,748	81,207	11.2%	45,954	49,401	53,106	7.5%
原価率		18.0%	19.0%	18.5%		18.8%	18.7%	18.4%	
売上総利益		175,475	182,589	358,064	4.1%	197,944	215,309	234,994	8.4%
変動販管費		27,811	29,169	56,980	4.9%	30,807	32,559	34,434	5.8%
販売手数料		8,557	9,237	17,794	7.9%	10,050	10,934	11,896	8.8%
荷造運賃		4,279	4,538	8,817	6.1%	4,901	5,293	5,716	8.0%
その他		14,975	15,394	30,369	2.8%	15,856	16,332	16,822	3.0%
限界利益		147,664	153,420	301,084	3.9%	167,137	182,750	200,560	8.9%
限界利益率		69.0%	68.1%	68.5%		68.5%	69.0%	69.6%	
固定製造・販管費		118,082	124,406	242,488	5.4%	130,784	137,301	144,112	5.1%
人件費		74,780	78,089	152,869	4.4%	82,774	87,740	93,004	6.0%
賃借料		10,290	10,290	20,580	0.0%	10,290	10,290	10,290	0.0%
租税公課		2,109	2,117	4,226	0.4%	2,117	2,117	2,117	0.0%
償却費		12,263	12,540	24,803	2.3%	12,951	13,143	13,249	設備計画連動
その他		18,640	21,370	40,010	14.6%	22,652	24,011	25,452	6.0%
営業利益		29,582	29,014	58,596	-1.9%	36,353	45,449	56,448	24.2%
営業外収益		320	324	644	1.3%	356	392	431	9.9%
利息・配当金		120	124	244	3.3%	143	164	189	15.0%
その他		200	200	400	0.0%	213	228	242	
営業外費用		2,100	1,920	4,020	-8.6%	1,419	980	470	-26.1%
支払利息		1,887	1,653	3,540	-12.4%	1,219	780	270	借入等連動
その他		213	267	480	25.4%	200	200	200	
経常利益		27,802	27,418	55,220	-1.4%	35,290	44,861	56,409	25.7%
特別利益				0					
特別損失				0					
税引前利益		27,802	27,418	55,220	-1.4%	35,290	44,861	56,409	25.7%
法人税等		11,121	10,967	22,088		14,116	17,944	22,564	
当期純利益		16,681	16,451	33,132	-1.4%	21,174	26,917	33,845	25.7%

（付加価値分析）　（単位：千円）

		X01/３期（実）	X02/３期（実）	実績合計	伸び率（分配率は差引）	X03/３期（予）	X04/３期（予）	X05/３期（予）	伸び率（分配率は差引）※
付加価値	人件費	74,780	78,089	152,869	4.4%	82,774	87,740	93,004	6.0%
	償却費	12,263	12,540	24,803	2.3%	12,951	13,143	13,249	0.8%
	賃借料	10,290	10,290	20,580	0.0%	10,290	10,290	10,290	0.0%
	租税公課	2,109	2,117	4,226	0.4%	2,117	2,117	2,117	0.0%
	支払利息	1,887	1,653	3,540	-12.4%	1,219	780	270	-65.4%
	経常利益	27,802	27,418	55,220	-1.4%	35,290	44,861	56,409	25.7%
付加価値		129,131	132,107	261,238	2.3%	144,641	158,931	175,339	9.5%
従業員数（人）		12	12	-		12	12	12	
一人当たり付加価値		10,761	11,009	-	2.3%	12,053	13,244	14,612	9.5%
労働分配率		57.9%	59.1%	58.5%	1.2	57.2%	55.2%	53.0%	-2.2

Check：

・売上高の目標伸び率は一律に決めるのではなく達成可能かつ努力目標値として個々に決めること。

・変動費の伸び率は売上高の伸び率を上回らないようにすること。

・固定費の増加は将来の限界利益の増加によって回収できること。

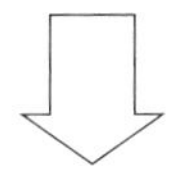

利益を守り、増やす計画により、営業利益の目標伸び率は24.2%となっています。

②貸借対照表と設備投資計画、資金調達計画

貸借対照表

（単位：千円）

	X01/３期（実）	X02/３期（実）	X03/３期（予）	X04/３期（予）	X05/３期（予）
資産の部					
流動資産					
現預金	38,187	40,651	45,546	56,593	72,326
受取手形・売掛金	21,393	22,534	24,390	26,471	28,810
棚卸資産	1,315	1,585	1,610	1,748	1,902
その他	8,394	8,273	8,200	8,200	8,400
流動資産計	69,289	73,043	79,746	93,012	111,438
有形・無形固定資産計	67,602	67,474	69,523	70,380	71,131
投資等	118,000	118,000	120,000	120,000	120,000
総資産	254,891	258,517	269,269	283,392	302,569

負債及び純資産の部	X01/３期（実）	X02/３期（実）	X03/３期（予）	X04/３期（予）	X05/３期（予）
流動負債					
買掛金・支払手形	1,973	2,378	2,416	2,622	2,854
短期借入金	0	0	0	0	0
その他	1,300	1,430	1,500	1,500	1,600
流動負債計	3,273	3,808	3,916	4,122	4,454
固定負債					
長期借入金	62,890	47,280	34,000	18,000	0
その他	45,000	47,250	50,000	53,000	56,000
固定負債計	107,890	94,530	84,000	71,000	56,000
純資産	143,728	160,179	181,353	208,270	242,115
負債及び純資産合計	254,891	258,517	269,269	283,392	302,569

設備投資計画

償却率　15%　(単位：千円)

	X01/3期(実)	X02/3期(実)	X03/3期(予)	X04/3期(予)	X05/3期(予)
有形固定資産					
期首残高	60,872	58,873	58,867	60,237	60,551
期中増減額（除く償却）	8,390	10,382	12,000	11,000	12,000
減価償却額	10,389	10,388	10,630	10,686	10,883
期末残高	58,873	58,867	60,237	60,551	61,668
無形固定資産					
期首残高	9,603	8,729	8,607	9,286	9,829
期中増減額（除く償却）	1,000	2,030	3,000	3,000	2,000
償却額	1,874	2,152	2,321	2,457	2,366
期末残高	8,729	8,607	9,286	9,829	9,463
有形・無形固定資産計	67,602	67,474	69,523	70,380	71,131

資金調達計画

(単位：千円)

	X03/3期	X04/3期	X05/3期
短期借入金			
期首残高	0	0	0
調達	0	0	0
返済	0	0	0
期末残高	0	0	0
長期借入金			
期首残高	47,280	34,000	18,000
調達	0	0	0
返済（通常）	9,500	9,500	9,500
返済（追加）	3,780	6,500	8,500
期末残高	34,000	18,000	0
長短借入金合計	34,000	18,000	0

剰余金分配

	X03/3期(予)	X04/3期(予)	X05/3期(予)
配当金	0	0	0

Check：

・設備投資計画においては大規模なものは予定されていません。

・借入金はX05/3期に完済を予定しています。

返済原資はフリーキャッシュフローです。多くのフリーキャッシュフローが生み出されていることは、借入金を完済し、なお現預金が増えていることからもわかります。

③経営目標との整合性

分析指標

（単位：千円）

	X01/3期（実）	X02/3期（実）	X03/3期（予）	X04/3期（予）	X05/3期（予）
収益性					
ROA	11.7%	11.3%	13.6%	16.1%	18.7%
実質負担金利	3.0%	3.5%	3.6%	4.3%	-
レバレッジ効果（ROA−実質負担金利）	8.7%	7.8%	10.0%	11.8%	-
ROE	11.6%	10.3%	11.7%	12.9%	14.0%
安心・安定性					
営業キャッシュフロー	-	30,486	35,175	41,047	47,733
フリーキャッシュフロー	-	18,074	18,175	27,047	33,733
有利子負債返済年数	-	2.62	1.87	0.67	0.00

営業キャッシュフロー	設備投資支出前の日常的資金成果
フリーキャッシュフロー	配当金や有利子負債の返済原資となる自由に使用できる資金成果
有利子負債返済年数	今期のフリーキャッシュフローが今後も続くとして、借入金が完済できるまでの年数

（経営目標より）

●3年後の目標　　事業借入金　ゼロ

ROA　18%　ROE 14%

●単年度目標　　営業キャッシュフロー 33百万円

※達成可能な計画となっている

もし達成しない場合には

原因を分析　→資金の増加による収益性の低下

対　　策　→収益向上の投資実施又は自社株買い（自己資本の減少）の検討

分析指標の計算式

（単位：千円）

	計算式	計算例×03/３期
収益性	ROA、実質負担金利、ROEの分母の各残高数値は実務上は期首と期末の平均値を用いますが、本指標では簡便的に期末残高で計算しております。	
ROA	$\frac{\text{事業利益（営業利益＋受取利息及び配当金）}}{\text{総資産（期末残高）}}\times100$	$\frac{(36,353+143)}{269,269}\times100≒13.6\%$
実質負担金利	$\frac{\text{支払利息}}{\text{有利子負債（期末残高）}}\times100$	$\frac{1,219}{34,000}\times100≒3.6\%$
レバレッジ効果（ROA－実質負担金利）	ROA-実質負担金利	13.6% -3.6% ＝10.0%
ROE	$\frac{\text{当期純利益}}{\text{純資産（期末残高）}}\times100$	$\frac{21,174}{181,353}\times100≒11.7\%$
安心・安定性		
営業キャッシュフロー	フリーキャッシュフロー＋投資額（有形・無形固定資産増加額＋減価償却費・償却費＋投資等増加額）	18,175（下記より）＋(69,523-67,474)＋12,951＋(120,000-118,000)＝35,175
フリーキャッシュフロー（注）	資金増加額＋有利子負債減少額＋剰余金分配額	(45,546-40,651)＋(47,280-34,000)＋0＝18,175
有利子負債返済年数	$\frac{\text{短期借入金＋長期借入金}}{\text{フリーキャッシュフロー}}$	$\frac{0+34,000}{18,175}≒1.87$

（注）フリーキャッシュフローの計算式について

フリーキャッシュフローは以下のキャッシュフロー計算書の設例のとおり、有利子負債の返済や剰余金の分配といった利用・処分する金額から計算しています。

（設例）キャッシュフロー計算書

営業活動によるキャッシュフロー	1,000	①	フリーキャッシュフロー（①＋②）
投資活動によるキャッシュフロー	△ 600	②	
財務活動によるキャッシュフロー	△ 300	③	
資金の増減価額	100	④	

上記設例のキャッシュフロー計算書において、営業活動によるキャッシュフローと投資活動によるキャッシュフローを合わせた金額（①＋②）がフリーキャッシュフロー(400)です。

今回の中期経営計画では、キャッシュフロー計算書を作成していませんので、設例における④から③を引いた金額（資金増加額＋有利子負債減少額＋剰余金分配額）を簡便的にフリーキャッシュフロー(400)としています。

第7章

予算の実行・管理

予算管理での留意点は何ですか？

予算管理をトップダウンで行なうのではなく、現場からのボトムアップププロセスを組み入れて全員参加型の利益計画・予算管理とすること

1　総合予算と部門別利益計画

❶　経営計画と短期利益計画・予算の編成手続き

経営計画が決定すると、その計画に基づく利益目標、ならびに短期利益計画が設定されます。短期利益計画では、経営層によりトップダウン方式で売上高目標や利益目標が示されます。

この利益計画は会社全体で設定しただけでは充分な効果が期待できず、これを部門別に細分化することが重要なポイントとなります。各部門長が計画上の目標に積極的にかかわり、結果に対する説明責任を示すことで、より実現可能性の高い利益計画となります。

一方で部門別の利益計画（実務上は予算と一体的に行われることが多い）は、部門からの積上げ計算としてボトムアップ方式でも行われます。部門計画と全体での利益計画との整合性を確保するための調整は予算担当部門で行われます。利益計画手続きをトップダウンのみではなく、ボトムアッププロセスを組み入れることにより、全員参加型の利益計画・予算となり社員全員の動機付け効果も期待できます。

❷　予算の体系－誰が何をするのか具体的な手順

経営計画が達成可能かどうかは、トップダウンとボトムアップの調整が行われ、予算に無理がなく実行可能で、目標達成を裏付ける予算となっているかどうかに掛かっています。

全社合計の売上高や利益だけの予算では、予算達成に向けて誰が何をすべきかが明らかになりません。収益を生み出す事業部（現場）が複数あれば、事業部ごとの責任利益が明らかにされ、目標達成を裏付けるような投資予算も明らかになっていることが求められます。これらを体系化した総合予算は、予算損益計算書、予算貸借対照表、予算キャッシュフロー計算書にまとめられます。

全員参加型の利益計画・予算

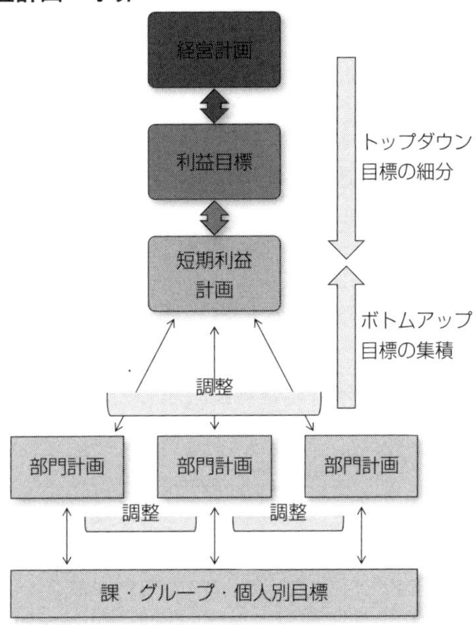

経営計画達成に向けた予算（総合予算）の体系

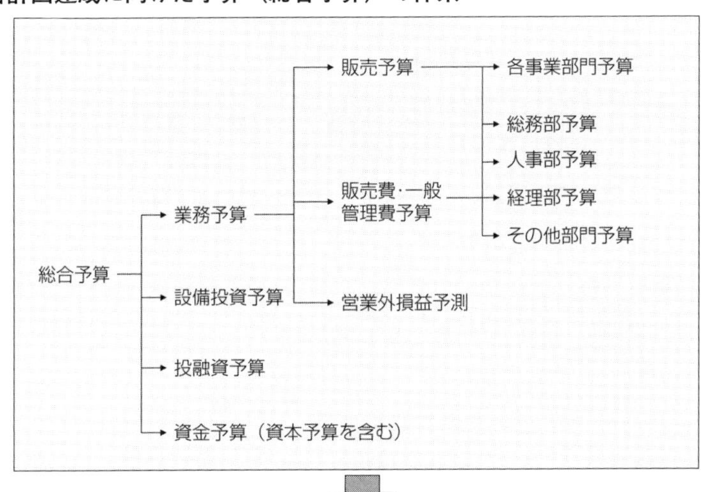

❸ 部門別利益計画の立て方

年間の目標売上高をトップダウンによって部門等に割り当てる場合は、各製品（商品、サービス）の目標売上高を、担当エリアなど管理単位ごとに割り当てます。割当方法は各種考えられますが、合理的かつ説明可能であることが求められ、以下のような方法が用いられます。

イ）地域別需要比

地域別需要比と目標市場占有率を基礎として割り当てます。

（金額：百万円）

部門担当エリア	需要比（A）	市場占有率（B）	指数(=(A)×(B))	指数の構成比	割当額
北海道	8%	15%	1.2%	5.66%	76
東北	8%	20%	1.6%	7.55%	102
関東	30%	20%	6.0%	28.30%	382
上信越	8%	20%	1.6%	7.55%	102
中部	10%	20%	2.0%	9.43%	127
関西	20%	30%	6.0%	28.30%	382
中国・四国	8%	15%	1.2%	5.66%	76
九州	8%	20%	1.6%	7.55%	102
合計	100%		21.2%	100.0%	1,350

*計算例：北海道の指数の構成比　1.2%÷21.2%≒5.66%　　全社目標金額　1,350
北海道の割当金額　1,350百万円×5.66%≒76百万円

ロ）地域別・販路別前年実績値

前年実績値や過去２－３年での実績値によって割り当てます。

ハ）設備・人員比

設備の床面積や設備帳簿価額、または人員比によって割り当てます。

ニ）部門責任者の自己申告目標値

トップダウンによる目標値に対して、各部門責任者が責任範囲における目標値を自己申告し、それを基礎に割り当てます。

ホ）混合法

上記方法のうち複数の割当基準を含めて決定する方法です。たとえばイ）地域別需要比と　ロ）地域別・販路別前年実績値とを50%ずつ考慮する方法です。

❹ 支店別、営業所別、グループ別の売上目標値の決め方

部門別に割り当てられた売上目標数値は、さらに支店別、営業所別、グループ別、または個人別に割り当てます。

これらの割当方法は、部門別割当方法と同様に合理的かつ説明可能であることが求められます。割当基準は割当決定要素のうちから適切な要素を選択することになります。たとえば、前年実績売上高とリーダー（または個人）の自己申告目標値を50％ずつ組み入れる場合には以下のようになります。

なお、この段階においてボトムアップとトップダウンの調整が同時並行的に行われることが多いでしょう。

（金額：百万円）

支店	前年実績	自己申告目標	割当指数	割当額
千葉支店	50	52	14.1%	54
船橋支店	40	43	11.5%	44
東京支店	100	105	28.4%	109
横浜支店	70	74	20.0%	76
町田支店	50	55	14.6%	56
八王子支店	40	42	11.4%	43
合計	350	371	100.0%	382

部門目標金額 382

*計算例：千葉支店の割当指数　(50×0.5+52×0.5)÷(350×0.5+371×0.5)≒14.1%
　　　　千葉支店の割当金額　382百万円×14.1%≒54百万円

❺ 本社費用の各部門への配賦基準

（1）本社費用の配賦理由と配賦方法

本社（コストセンター）は収益を生み出さず、その経費は収益を生み出す各事業部（プロフィットセンター）に配賦する場合があります。

本社費用の配賦を行う場合には、以下のような方法があります。

本社費用を本社機能（人事、経理等）の便益の対価ととらえると、従業員数や人件費、または使用経営資源の金額による配賦（イ）、本社機能の提供を支えに実現した売上高による配賦（ロ）が考えられます。

一方で便益の対価ではなく、本社費用の負担能力の大きさに着目した、利益を基準とした配賦（ハ）もあります。

なお、本社費用は、部門に個別認識できるコストは個別に賦課し、個別認識できない共通費用が配賦の対象となります。

本社費用配賦方法の例

（イ）人材面または使用資源の金額による基準

人件費比、従業員比、管理対象資産（棚卸資産、有形固定資産等）比

（ロ）売上高による基準

部門売上高比

（ハ）利益による基準

本社費用控除前利益（部門営業利益）比、部門限界利益比

（2）本社費用配賦と部門業績評価

本社費用の配賦基準は、合理的かつ説明可能であることが求められます。適切な配賦基準が見当たらない状況でも、全社利益との整合性のために配賦をする必要がありますが、その際の業績評価は、本社費用控除前の利益を基準にすることが望ましいでしょう。部門責任者や構成員の本社費用控除後利益に対して責任が持てなくなることは避けなければなりません。

❻ 部門別損益計算書の作り方

（単位：千円）

X03年８月度　部門別損益計算書	関東営業部			
	東京支店	さいたま支店	千葉支店	横浜支店
売上高				
目標	33,500	21,000	18,000	23,000
実績	32,800	21,050	18,100	22,800
売上原価				
目標	18,425	11,550	9,900	12,650
実績	18,160	11,578	9,875	12,540
売上総利益				
目標	15,075	9,450	8,100	10,350
実績	14,640	9,473	8,225	10,260
変動販売費及び一般管理費				
目標	335	210	180	230
実績	325	212	181	228
限界利益				
目標	14,740	9,240	7,920	10,120
実績	14,315	9,261	8,044	10,032
限界利益率（実績）	43.6%	44.0%	44.4%	44.0%
固定販売費及び一般管理費				
目標	7,600	4,800	4,100	5,300
実績	7,520	4,780	4,060	5,150
部門営業利益				
目標	7,140	4,440	3,820	4,820
実績	6,795	4,481	3,984	4,882
本社費用				
目標	3,350	2,100	1,800	2,300
実績	3,280	2,105	1,810	2,280
部門利益				
目標	3,790	2,340	2,020	2,520
実績	3,515	2,376	2,174	2,602
部門利益累計				
目標	18,950	11,700	10,100	12,600
実績	17,048	11,521	10,544	12,620

上記の部門別損益計算書では、４つの段階利益が算出されています。売上総利益、限界利益、部門営業利益、部門利益です。このうち限界利益は、支店内部での課長や各個人の目標管理利益となり、部門営業利益は部門長、部門利益は部門を統括する営業本部長の達成責任利益となります。

2　予算総合演習：年度予算編成の手続き

❶　予算基礎データ

製品Yを量産するC社では、次期（X２年度）の予算を編成中です。以下の条件のもとで、次期の年間予算を編成し、予算上の損益計算書と貸借対照表、資金繰り予定表を作成してください。

①　X１年度（当期）予定貸借対照表

×１年度予定貸借対照表

（単位：千円）

流動資産		流動負債	
現　　金	150,000	買　掛　金	92,500
売　掛　金	140,000	未払法人税・消費税等	6,000
製　　品	16,800	１年内返済予定の長期借入金	5,200
原　材　料	6,000	そ　の　他	40,000
そ　の　他	30,000	流動負債合計	143,700
流動資産合計	342,800	固定負債	
		長期借入金	46,800
固定資産		退職給付引当金	80,000
土　　地	76,300	固定負債合計	126,800
建物・設備	125,000	負債合計	270,500
減価償却累計額	-46,000		
そ　の　他	17,500	純資産	
固定資産合計	172,800	資　本　金	50,000
		資本剰余金	30,000
		利益剰余金	165,100
		純資産合計	245,100
資産合計	515,600	負債・純資産合計	515,600

②　製品Y１個当たりの標準製造原価

5,600円　（うち材料費4,000円　加工費1,600円）

加工費のうちの固定費400円

年間の予算操業度は60,000個です。

③　X２年度予算データ

（A）　年間生産・販売予算

期首（期末）の製品在庫　3,000個

当期製品生産量　60,000個　（計画販売量　60,000個）

※　製品の販売単価は１個当たり8,000円で全て掛売りです。

仕掛品はありません。

（B）　原材料購買予算

期首（期末）の原料在庫　15,000kg

当期製品生産　600,000kg（計画消費量　600,000kg）@400円/kg

（C）　加工費予算

変動費　5,200円/個　（材料費　4,000円、その他　1,200円）

固定費　24,000千円（うち人件費18,000千円、減価償却費2,000千円）

減価償却費以外はすべて現金支出（固定費・変動費）

人件費は第１四半期（以下１Q、他の四半期も同様表記）と３Qにおいて他の四半期の1.5倍の支払い、他の固定費は各四半期で均等額の支払いを見込んで算出している。

（D）　販売費・一般管理費予算

変動費　640円/個

固定費　53,600千円（うち人件費30,000千円、減価償却費3,600千円、消費税（未払）4,000千円）

減価償却費及び消費税（各四半期で均等額）以外はすべて現金支出（固定費・変動費）

人件費は１Qと３Qにおいて他の四半期の1.5倍の支払い、他の支払固定費は各四半期で均等額の支払いを見込んで算出している。

❷ 予算損益計算書の作成

損益計算書 （単位：千円）

期間 / 項目	X２年度				年間合計
	1Q	2Q	3Q	4Q	
売上高	112,000	112,000	144,000	112,000	480,000
予定販売量	14,000	14,000	18,000	14,000	60,000
売上原価	78,400	78,400	100,800	78,400	336,000
予定生産量	14,000	14,000	18,000	14,000	60,000
売上総利益	33,600	33,600	43,200	33,600	144,000
販売費・一般管理費					
変動費	8,960	8,960	11,520	8,960	38,400
固定費	13,400	13,400	13,400	13,400	53,600
営業利益	11,240	11,240	18,280	11,240	52,000
営業外収益（受取利息ほか）	50	80	50	80	260
営業外費用（支払利息）	180	180	180	180	720
税引前利益	11,110	11,140	18,150	11,140	51,540
法人税、住民税及び事業税	4,444	4,456	7,260	4,456	20,616
当期純利益	6,666	6,684	10,890	6,684	30,924

（注）法人税、住民税及び事業税の税率は40%とします。

計算プロセス：例として１Qの数値を示します。

売上高：@8,000円×予定販売量14,000個＝112,000千円

売上原価：@5,600円×予定販売量14,000個＝78,400千円

販売費及び一般管理費

変動費：@640円×予定販売量14,000個＝8,960千円

固定費：年間固定費53,600千円÷４（※）＝13,400千円

法人税、住民税及び事業税：税引前利益11,110千円×40%

＝4,444千円

※人件費は発生ベースにより四半期で均等額を計上しています。

❸　四半期別資金収支予算の作成

資金繰り予定表　（単位：千円）

項目		年月	X２年度			
			１Q	２Q	３Q	４Q
前四半期繰越高（１）			150,000	150,410	144,750	139,800
経常収支	経常収入	売掛金回収	118,000	111,600	112,000	137,600
		受取利息	50	80	50	80
		収入計（２）	118,050	111,680	112,050	137,680
	経常支出	買掛金支払	65,000	55,500	56,000	64,000
		人件費（製・販合計）	14,400	9,600	14,400	9,600
		その他経費（加工費）	17,800	17,800	22,600	17,800
		その他経費（販管費）	12,960	12,960	15,520	12,960
		支払利息	180	180	180	180
		支出計（３）	110,340	96,040	108,700	104,540
経常収支　（２）－（３）＝（４）			7,710	15,640	3,350	33,140
決算・設備収支	収入	収入計　（５）	0	0	0	0
	支出	設備取得支出		20,000		
		法人税・消費税等支払	6,000		7,000	
		その他の支出				
		支出計　（６）	6,000	20,000	7,000	0
決算・設備収支　（５）－（６）＝（７）			-6,000	-20,000	-7,000	0
財務収支	調達	収入計（８）	0	0	0	0
	返済	短期借入金				
		長期借入金	1,300	1,300	1,300	1,300
		支出計（９）	1,300	1,300	1,300	1,300
財務収支　（８）－（９）＝（10）			-1,300	-1,300	-1,300	-1,300
翌四半期繰越高（１）＋（４）＋（７）＋（10）			150,410	144,750	139,800	171,640

経常収支の計算プロセス：例として１Qの数値を示します。

「売掛金回収」、「買掛金支払」は次頁

※人件費（年間）：製造18,000千円＋販管30,000円＝48,000千円

１Q：48,000千円÷５（＝１倍×２Q+1.5倍×２Q）×1.5＝14,400千円

※その他経費（加工費）：・・・材料費除く

変動加工費@1,200円×予定生産量14,000個＋人件費以外の支払固定費（1,000千円（＝（24,000−18,000−2,000）千円÷４Q））＝17,800千円

※その他経費（販管費）：

変動販管費@640円×予定販売量14,000個＋人件費以外の支払固定費（4,000千円（＝（53,600-30,000-3,600-4,000）千円÷４Q））＝12,960千円

※売掛金回収予定額　　　　（単位：千円）

	各四半期掛け売上高（実績・予測）		X２年度各四半期入金予定額			
			1Q	2Q	3Q	4Q
X１年度	3Q	150,000	30,000			
	4Q	110,000	88,000	22,000		
X２年度	1Q	112,000		89,600	22,400	
	2Q	112,000			89,600	22,400
	3Q	144,000				115,200
	4Q	112,000				
			118,000	111,600	112,000	137,600

※各四半期の売上代金の入金予定：翌四半期　80%　　翌々四半期　20%

※買掛金支払予定額　　　　（単位：千円）

	各四半期掛け仕入高（実績・予測）		X２年度各四半期支払予定額			
			1Q	2Q	3Q	4Q
X１年度	3Q	75,000	37,500			
	4Q	55,000	27,500	27,500		
X２年度	1Q	56,000		28,000	28,000	
	2Q	56,000			28,000	28,000
	3Q	72,000				36,000
	4Q	56,000				
			65,000	55,500	56,000	64,000

※各四半期の仕入代金の支払予定：翌四半期　50%　　翌々四半期　50%

※設備投資支出、受取利息、長期借入金と支払利息は別途予定額

※法人税・消費税等支払：１Qは期首残支払額、３Qは中間予定額

❹　予算貸借対照表の作成

×２年度予定貸借対照表

（単位：千円）

科目	金額	科目	金額
流動資産		流動負債	
現　　金	171,640	買　掛　金	92,000
売　掛　金	140,800	未払法人税・消費税等	17,616
製　　品	16,800	１年内返済予定の長期借入金	5,200
原　材　料	6,000	そ　の　他	40,000
そ　の　他	30,000	流動負債合計	154,816
流動資産合計	365,240	固定負債	
		長期借入金	41,600
固定資産		退職給付引当金	80,000
土　　地	76,300	固定負債合計	121,600
建物・設備	145,000	負債合計	276,416
減価償却累計額	-51,600		
そ　の　他	17,500	純資産	
固定資産合計	187,200	資　本　金	50,000
		資本剰余金	30,000
		利益剰余金	196,024
		純資産合計	276,024
資産合計	552,440	負債・純資産合計	552,440

（計算プロセス）

（単位：千円）

（１）現金：171,640（資金繰り予定表より）

（２）売掛金：140,000＋480,000〈掛け売り〉－479,200〈回収〉＝140,800

（３）製　品：@5,600円×3,000個＝16,800

（４）原材料：400円/kg×15,000kg＝6,000

（５）建物・設備：125,000＋20,000〈設備購入〉＝145,000

（６）減価償却累計額：46,000＋（2,000＋3,600）＝51,600

（７）買掛金：92,500＋240,000〈掛け買い〉（*）－240,500〈支払〉＝92,000

（*）400円/kg×600,000kg＝240,000

（８）未払法人税・消費税：20,616〈法人税等予定計上額〉

＋4,000〈未払消費税予定計上額〉－7,000〈中間納付〉＝17,616

（９）１年内返済予定の長期借入金：5,200（資金繰り予定表より）

（10）利益剰余金：165,100＋30,924〈当期純利益〉＝196,024

3　ケーススタディ：損益分岐点と資本コストを活用した部門別利益予算管理

❶　衣料品販売Ｂ社の事業部門別見積（予算）損益計算書

以下は，高級衣料品およびその関連商品の販売を行っているＢ社の損益分岐点と資本コストを活用した部門別利益予算管理の分析と分析結果の報告事例です。なお、本社は収益を生まず，そのコスト（本社費用）は共通費として事業部の予定売上高と従業員数を基準に配賦しております。

X01年予算				(単位：千円)
	全社	A事業部	B事業部	C事業部
売上高	2,700,000	900,000	180,000	1,620,000
売上原価	1,319,700	376,000	65,000	878,700
売上総利益	1,380,300	524,000	115,000	741,300
販売費及び一般管理費	899,300	272,900	52,980	573,420
配送費	52,000	15,000	3,000	34,000
広告宣伝費	56,200	13,200	2,280	40,720
人件費	320,000	101,000	17,000	202,000
賃借料	269,600	82,000	16,500	171,100
業務委託費	76,000	23,000	5,500	47,500
消耗品費	32,000	10,600	2,400	19,000
減価償却費	55,500	17,100	3,100	35,300
雑費	38,000	11,000	3,200	23,800
部門営業利益	481,000	251,100	62,020	167,880
本社費用	144,000	45,600	9,120	89,280
部門利益	337,000	205,500	52,900	78,600

本社費用配賦額				(単位：千円)
	全社	A事業部	B事業部	C事業部
本社費用	144,000	45,600	9,120	89,280
売上高比分（本社費用の１/２）	72,000	24,000	4,800	43,200
従業員比分（本社費用の１/２）	72,000	21,600	4,320	46,080
売上高	2,700,000	900,000	180,000	1,620,000
従業員数	50	15	3	32

(例）A事業部の売上高比分　72,000×（900,000/2,700,000）＝24,000
　　　同　従業員数比分　72,000×（15/50）＝21,600

❷ 利益計画図表の作成と利益向上への検討

（1）A事業部の損益分岐点売上高

A事業部の予算数値の固変分解結果から損益分岐点売上高は519,444千円と算出されています。予定売上高は900,000千円であり、損益分岐点を大きく上回っています。売上高と損益分岐点売上高との差が利益を決定する重要な要素であり、A事業部からは余裕をもった部門利益が期待されます。

なお、限界利益率は54.0％と高く、固定費の増加に注意しつつ、限界利益の拡大による利益成長が期待される事業部です。

（単位：千円）

A事業部	合計	変動費	固定費
売上高（a）	900,000		
売上原価	376,000	376,000	
売上総利益	524,000		
販売費及び一般管理費	272,900	38,000	234,900
配送費	15,000	15,000	
広告宣伝費	13,200		13,200
人件費	101,000		101,000
賃借料	82,000		82,000
業務委託費	23,000	23,000	
消耗品費	10,600		10,600
減価償却費	17,100		17,100
雑費	11,000		11,000
部門営業利益	251,100		
本社費用	45,600		45,600
部門利益（c）	205,500	414,000	280,500
		変動費合計（b）	固定費合計

限界利益率（限界利益（a-b）÷売上高（a））×100＝54.0%
部門利益率（部門利益（c）÷売上高（a））×100≒22.8%

（税引前利益ベースの損益分岐点売上高）

$$損益分岐点売上高 = \frac{固定費}{1-\dfrac{変動費}{売上高}} = \frac{280{,}500}{1-\dfrac{414{,}000}{900{,}000}}$$

≒519,444千円（A事業部）

（2）B事業部の損益分岐点売上高

B事業部はもっとも売上高規模の小さい事業部です。小さいながらも利益を生み出す力は強く、損益分岐点売上高（90,592千円）の約2倍の売上高（180,000千円）が予定されています。部門利益率は29.4％、限界利益率は59.2％となっており、固定費の増加を抑えつつ売上高の増加が可能であれば、部門利益率のさらなる上昇が期待できます。

（単位：千円）

B事業部	合計	変動費	固定費
売上高（a）	180,000		
売上原価	65,000	65,000	
売上総利益	115,000		
販売費及び一般管理費	52,980	8,500	44,480
配送費	3,000	3,000	
広告宣伝費	2,280		2,280
人件費	17,000		17,000
賃借料	16,500		16,500
業務委託費	5,500	5,500	
消耗品費	2,400		2,400
減価償却費	3,100		3,100
雑費	3,200		3,200
部門営業利益	62,020		
本社費用	9,120		9,120
部門利益（c）	52,900	73,500	53,600
		変動費合計（b）	固定費合計

限界利益率（限界利益（a-b）÷売上高（a））×100≒59.2%
部門利益率（部門利益（c）÷売上高（a））×100≒29.4%

（税引前利益ベースの損益分岐点売上高）

$$損益分岐点売上高 = \frac{固定費}{1 - \frac{変動費}{売上高}} = \frac{53,600}{1 - \frac{73,500}{180,000}}$$

≒90,592千円（B事業部）

（３）C事業部の損益分岐点売上高

C事業部は予算上で予定売上高が1,620,000千円、予定部門利益は78,600千円となっています。損益分岐点1,427,014千円と予定売上高1,620,000千円とが接近しており、余裕のある利益が期待できていません。売上高の変動リスクを考えると赤字になる可能性も排除できません。

赤字不安はありますが利益改善の効果も大きく、固定費の増加を抑えて売上高を10％増加できれば現状の予算の部門利益78.6百万円に対して約66百万円（＝追加売上高（1,620百万円×10％）×限界利益率（40.7％））の追加利益が期待できます。

（単位：千円）

C事業部	合計	変動費	固定費
売上高（a）	1,620,000		
売上原価	878,700	878,700	
売上総利益	741,300		
販売費及び一般管理費	573,420	81,500	491,920
配送費	34,000	34,000	
広告宣伝費	40,720		40,720
人件費	202,000		202,000
賃借料	171,100		171,100
業務委託費	47,500	47,500	
消耗品費	19,000		19,000
減価償却費	35,300		35,300
雑費	23,800		23,800
部門営業利益	167,880		
本社費用	89,280		89,280
部門利益（c）	78,600	960,200	581,200
		変動費合計（b）	固定費合計

限界利益率（限界利益（a-b）÷売上高（a））×100≒40.7％
部門利益率（部門利益（c）÷売上高（a））×100≒4.9％

（税引前利益ベースの損益分岐点売上高）

$$
損益分岐点売上高 = \frac{固定費}{1-\frac{変動費}{売上高}} = \frac{581{,}200}{1-\frac{960{,}200}{1{,}620{,}000}}
$$

≒1,427,014千円（C事業部）

黒字確保の余裕度を示す利益管理指標として、安全余裕率を計算してみましょう。さらに損益分岐図表上でも安全余裕率を確認します。右頁の図表上では（ｃ）÷（ａ）で安全余裕率が計算されます。

$$
安全余裕率 = \frac{売上高（a）-損益分岐点売上高（b）}{売上高（a）} \times 100
$$

$$
= \frac{1{,}620{,}000-1{,}427{,}014}{1{,}620{,}000} \times 100
$$

≒11.9％

他の事業部の安全余裕率も計算して比較してみます。

A事業部の安全余裕率：42.3％
B事業部の安全余裕率：49.7％
C事業部の安全余裕率：11.9％　（≒c÷a）

３つの事業部のうちC事業部の安全余裕率が低く、売上高の11.9％の下方修正が生じると、利益は消えてしまうことを示しています。

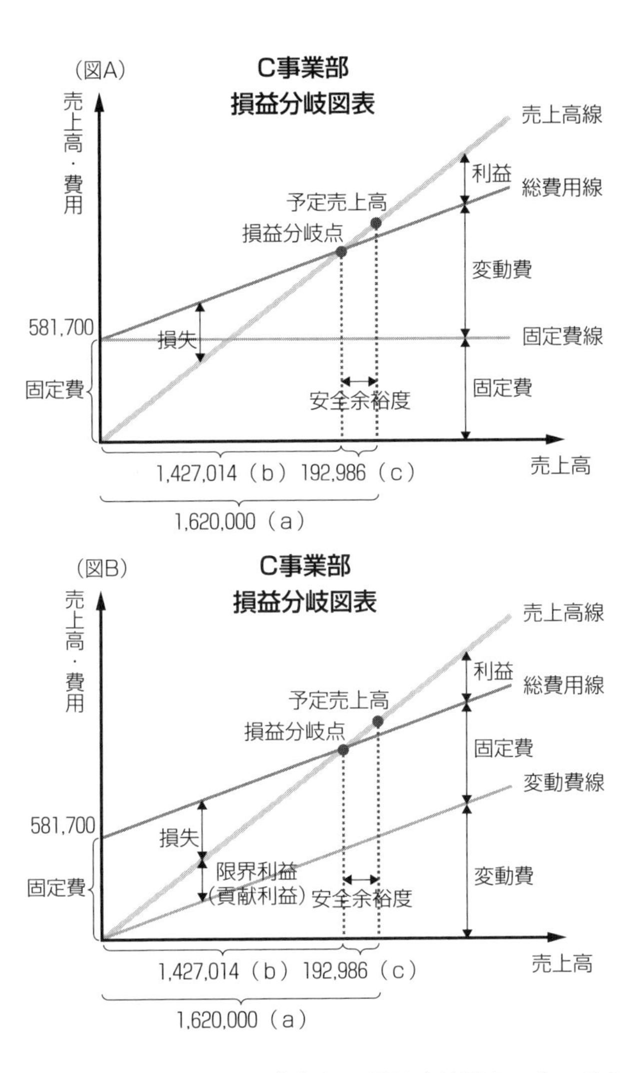

なお、上の２つの図は同じくＣ事業部の損益分岐図表です。異なって見える部分は固定費と変動費の上下の位置です。図Aは固定費の上に変動費を描いており、図Bは逆です。どちらも売上高ゼロ（期首）の損失（固定費）が、売上高が増えるにつれ減少していく様子が分かります。ただし、図Aでは損失を減少させている利益への貢献者となる限界利益（＝売上高−変動費）

が姿を見せていません。そこで限界利益が見えるように、図Bでは変動費（＝変動費線）のスタートが原点になるように平行移動させています。固定費（期首の損失）を吸収して利益を生み出す限界利益の姿が見えてきました。限界利益は、固定費を吸収して利益を生み出す点を強調する場合に貢献利益と呼ばれます。

❸ 資本コスト控除後利益の算出

B社のバランスシートには、有利子負債が存在せず、無借金経営です。オーナーである社長甲は、各事業部の使用資本（=使用資産）に対して10%の必要収益率（税引前ベースの資本コスト）を設定し、部門利益がこれを上回ることを目標とするように各事業部長に指示しています。なお、予算上での各事業部の使用資本は以下のように見積集計されています。

X01年予算				(単位：千円)
	全社	A事業部	B事業部	C事業部
売掛金－買掛金	119,000	36,000	10,200	72,800
商品	763,200	240,000	58,000	465,200
建物・建物付属設備	432,300	124,300	43,000	265,000
器具備品・構築物	183,000	52,100	10,800	120,100
敷金・保証金等	439,000	158,000	97,000	184,000
使用資本合計（A）	1,936,500	610,400	219,000	1,107,100
使用資本のウェイト	100%	31.5%	11.3%	57.2%

X01年予算				(単位：千円)
	全社	A事業部	B事業部	C事業部
部門利益	337,000	205,500	52,900	78,600
資本コスト：(A) ×10%	193,650	61,040	21,900	110,710
資本コスト控除後利益	143,350	144,460	31,000	△ 32,110

使用資本は、各事業部で直接使用していて管理可能な資産額を集計しています。上記集計対象以外でB社が所有する資産は、現預金、貸付金、投資有価証券等があります。これら資本の運用については各事業部に権限がなく管理不能として各事業部の使用資本には含めておりません。たとえば事業部に現預金はありますが、決済に必要な程度の金額であり、資金移動は本社の指示に基づいて行われています（本社集中管理)。

なお、B社には有利子負債がなく資本の使用に対するコスト（資本コスト）の支払いがありません。しかし、タダで使えるお金（資本）はなく、資本コストを使用資本合計（上図（A)）に対して10%と認識して、資本コスト控除後の利益を計算します。

❹ 総合分析報告

（要約）

（1） 事業部規模と利益

X01年予算				(単位：千円)
	全社	A事業部	B事業部	C事業部
売上高	2,700,000	900,000	180,000	1,620,000
部門利益	337,000	205,500	52,900	78,600
安全余裕率		42.3%	49.7%	11.9%
売上高のウェイト	100%	33.3%	6.7%	60.0%

（2） 資本コスト控除後利益

X01年予算				(単位：千円)
	全社	A事業部	B事業部	C事業部
使用資本合計（A）	1,936,500	610,400	219,000	1,107,100
部門利益	337,000	205,500	52,900	78,600
資本コスト（A）×10%	193,650	61,040	21,900	110,710
資本コスト控除後利益	143,350	144,460	31,000	△ 32,110
使用資本のウェイト	100%	31.5%	11.3%	57.2%

（1） 事業部規模と利益

売上高面においても、使用資本面においてもC事業部がもっとも大きな規模となっており、全社でのウェイトは50%を超えています。しかし、成果としての利益面（部門利益）ではA事業部の貢献度がもっとも大きく、C事業部の貢献度は低くなっています。売上高ではC事業部の９分の１の規模であるB事業部の約1.5倍の水準となっています。

C事業部の利益率の改善が全社的な利益の向上に欠かせません。C事業部の課題は損益分岐点が高く、安全余裕率が11.9%と他の事業部と比べて著しく低いことが原因です。売上高の規模が大きいので改善に成功すれば利益を大きく増加させることができますが、対策が遅れると大きな赤字事業になりかねません。売上高の増加を見込まない利益確保として固定費圧縮や変動費率の引下げで損益分岐点を引き下げることが必要です。

（２） 資本コスト控除後利益

下の図は、各事業部に使用されている資本の全体のなかでのウェイト（各事業部の横幅）と、当期純利益（縦軸のゼロより上の部分（a)）と資本コスト（縦軸のゼロより下の部分（b)）、そして差額としての資本コスト控除後利益（上下の間の部分（a － b)）を表しています。

Ｃ事業部は全事業部に使用されている資本の57.2％と多額の資本を使用していながら資本コストを控除した実質的な利益はマイナスとなっており資本効率が悪い事業であることが分かります。

Ｃ事業部については先の損益分岐点の引下げを行うと同時に、全社的な事業の選択と集中を通じた企業価値のさらなる向上のため、資本や人材などの資源の最適配分を実践する時期にきています。

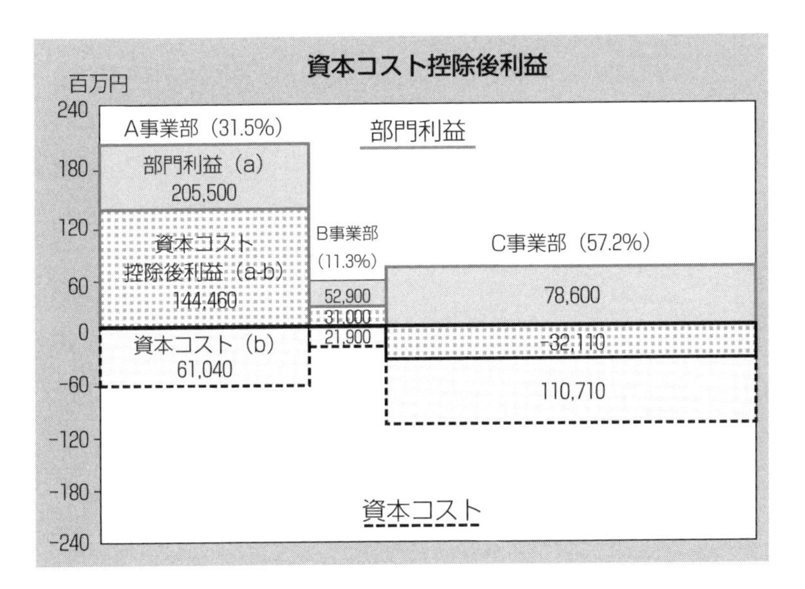

第8章

設備投資の採算評価と投資意思決定

設備投資の意思決定でもっとも重要なことは何でしょうか？

リスクに見合った充分なリターンがあること

1　投資の採算評価の基礎

❶　投資の採算評価の基礎

（1）経営とはリスクを利益につなげること

「投資無くして成長なし」—企業の成長のためには、失敗を防ぎつつ、持続的業績向上を実現させる効果的な投資意思決定が求められます。

投資にはリスクがあります。リスクとは予想どおりにならない可能性です。一般にリスクは損失を生み出す可能性として認識されていると思われますが、実際には利益を生み出す源泉という面もあります。

リスクの存在をどのように織り込んで設備投資の採算評価と意思決定をするのか、リスクと利益をつなげる経営の意思決定に重要な情報を提供することは、管理会計がもっとも活躍する分野のひとつです。

（2）各種投資評価手法

割引計算を含む投資プロジェクト評価手法としては、正味現在価値（net present value, 以下ではNPVと略します）法と内部収益率（internal rate of return, 以下ではIRRと略します）法があります。どちらも必要収益率としての割引率を設定し、それを上回る収益を生むことが企業価値を高める投資活動として評価されます。

割引計算を伴わない投資評価方法として、投資による予想利益を投資額で割って利益率を求める投資利益率（return on investment, 以下ではROIと略します）法、投資額がその後のキャッシュフローによって何年で回収できるかをみる投資回収期間法があります。

評価方法の理解にもっとも重要なことは、リスクをどのように織り込んで投資実行の判断を導き出すのかということです。

リスクの織り込み方の違いに着目することが、投資評価の理解に大いに役立ちます。それでは、それぞれの評価方法について、設例を交えて解説します。

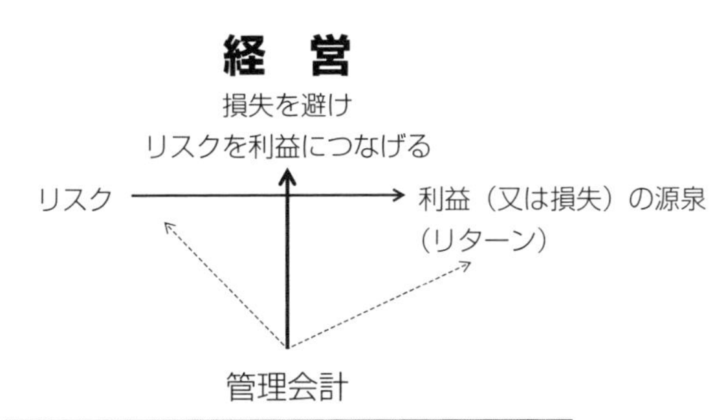

投資評価方法

NPV法 （正味現在価値法）	金額	NPV＝PV（現在価値）－初期投資額 PV＝各年度の予測キャッシュフローの現在価値
IRR法 （内部収益率法）	率	NPVがゼロになる割引率
ROI法 （投資利益率法）	率	ROI＝投資利益÷投下資本
投資回収期間法	期間	初期投資とその後のキャッシュイン、 キャッシュアウトの累計がゼロになるまでの期間

❷ 正味現在価値法（NPV法）

（1）手法の概要

投資プロジェクトの正味現在価値は、投資プロジェクトの投資回収額から投資額を差し引いて求められます。投資回収額は、その投資プロジェクトがもたらす将来キャッシュフローを、割引率（必要期待収益率）で現在時点（第０期）まで割り引いて、その現在価値を合計して算出します。右頁がNPVの算式です。

この場合の投資の評価基準としては、「NPV＞０」であるような投資プロジェクトを採用します。逆に「NPV＜０」であるような投資プロジェクトは採用しません。

正味現在価値法は投資と回収の差額キャッシュフローにより評価する方法です。

差額キャッシュフローを算出する際の回収額に割引率（必要収益率）を用いており、NPV法では、リスクを割引率（必要収益率）によって織り込んでいます。算式のシグマ（Σ）の部分が投資からのリスクを織り込んだ回収額で、後方のCF_0が投資額です。リスクを織り込んだ回収額が投資額を上回ると期待できれば、投資実行の判断を行うという評価手法です。

正味現在価値法

$$NPV = \sum_{t=1}^{n} \frac{CF_t}{(1+r)^t} - CF_0$$

（投資回収額）　－（投資額）

CF_t：第 t 期のキャッシュフロー

CF_0：初期投資額

r：割引率（必要収益率）

n：投資プロジェクトの有効耐用年数

シグマ（Σ）の部分が必要収益率で割り引いた回収額の現在価値（A）
CF_0 が投資額（原価）（B）

回収額の現在価値（A）が投資額（B）を上回るとNPVはプラス → 採用する
逆に（A）が（B）を下回るとNPVはマイナス → 採用しない

（2）（設例）なぜ割引きが必要なのか

> Y製造では増産投資を検討しています。投資額は100百万円、現時点でこの投資を行うことにより生産量が増え、販売による増分キャッシュフローは1年後より4年間にわたり毎年40百万円であると期待されています。Y製造はこの投資を実行すべきでしょうか。

現在において100百万円の投資を行い、その後に投資の効果として160百万円（＝40百万円×4年）の新たなキャッシュフローが回収されることとなるのであれば、実行すべきとなりそうですが、どうでしょうか。

この設例の条件が確実に実現する（算数の問題）として考えた場合は、次頁の図1のように投資を実行すべきという結論になります。

しかし、現実の経営行為として不確実性を無視した投資の意思決定を行うことはありません。

予想どおりにならない可能性の存在、リスクを織り込む必要があります。

設備投資の意思決定前に考慮すべきリスクとしては、投資額が100百万円を超えることはないのか、そして投資の成果として4年間で160百万円のキャッシュフローを得ることができるのかどうかです。前者の投資額については、設備の購入契約前の段階ながら契約内容や金額の合意があれば、ほぼ解消できるリスクでしょう。問題は後者の回収額です。

100百万円の投資額と160百万円の回収額は、同列評価できる数値ではありません。なぜならば100百万円は現時点で支払う確定金額であり、投資効果の4年間の金額は、現時点での回収ではなく将来の回収、さらにその金額は確実ではなく見込みです。

投資の現実を考慮すると右頁の図2のように投資額はほぼ確定、回収額はリスクがあり不確実な見込額、その結果は“判断不能”となってしまいます。

（図１）設例を算数の問題として検討すると即決！

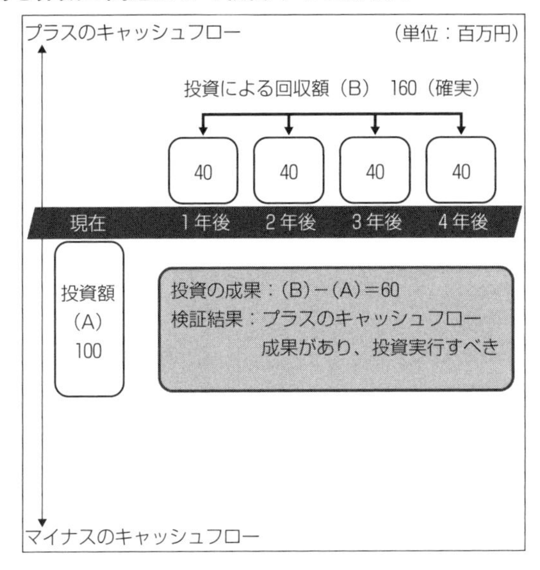

（図２）現実のリスクを避けようとすると一転して判断不能

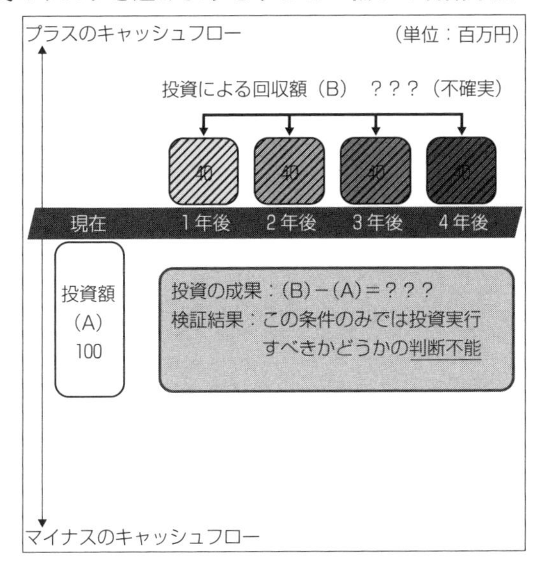

もちろん図２の判断不能の結論も問題ありです。すべての投資にはリスクがあります。リスクがあるから投資しないという判断もありえないでしょう。

リスクの存在を受け入れて管理会計はどのようにこの問題を解決するか。

この問題解決に使用する手段が“**割引計算**”です。

さて、前頁の図２において投資額（A）はクリアに見えています。一方の回収額（B）は時間の経過と不確実性を織り込んで回収額はクリアになっていません。ここで管理会計ではこのように考えるのです。

「リスクがあるから投資しないというのでは利益成長はできないし、今の利益を維持することも困難になる。ただし、投資の失敗による損失も避けなければならない。ならば、**リスクに見合う投資案件なのかどうかを評価しよう**。リスクに見合うかどうかは、十分と考えられる収益が見込めるかどうかである。」

投資と成果を比較する際に、別の次元で行っていれば判断を誤ってしまう可能性があります。言わば同じ土俵で議論するための調整が必要なのです。この調整として行われるのが割引計算です。割引計算は計算技法であって、その実態は利回り評価です。

割引計算につかう割引率はリスクに見合った必要収益率であり、その水準の決定は経営判断です。経営判断ではありますが、判断の決め手はあります。ひと言でいえば企業価値向上に結びつく水準であることです。

割引率は会社の実情にそって決定するレートであり、超えなければならないレート、すなわちハードルレートです。

右頁の図３は、設例について必要収益率を設定した評価と投資意思決定のプロセスです。結論は、図３の矢印Cで計算された差額キャッシュフローがプラス16.55百万円となり、リスクに見合う十分な収益が見込める投資案件として採用します。

（図３）NPV法「リスクを織り込んだ収益率を設定して投資意思決定」

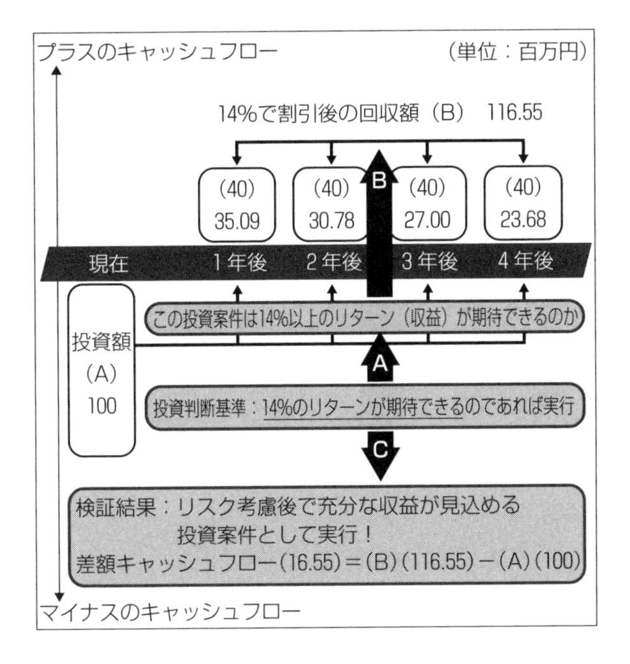

意思決定のプロセスを図３の矢印の順番（A→B→C）で解説します。

最初に、投資判断基準としてのハードルレートの設定です（**矢印A**）。

本設例の会社は必要収益率を14％に設定したと仮定しています。

続いて、投資案件が投資判断基準となる14％を上回る収益が期待できるのかどうか、投資案件の評価です（**矢印B**）。

14％を上回るかどうかは、14％で割り引いた回収額の現在価値合計額から投資額である100百万円を差し引いてプラスになるかどうかで分かります。

この点は次頁で簡単な数値例を用いて解説します。

最後に、検証結果として回収額の現在価値合計額から投資額を差し引いてプラス（NPVがプラス）であればリスク考慮後でも十分な収益が見込める投資案件として採用します（**矢印C**）。

簡単説明：割引計算と利回り計算

回収額としてのキャッシュフローを１年後の１回だけとします。現在100百万円の投資が翌年に114百万円で回収できた場合、投資の収益率は何％でしょうか。

以下の算式のxを求めます。

$$100\text{百万円}=\frac{114\text{百万円}}{(1+x)}\cdot\cdot\cdot(\mathrm{A})$$

このような単純な数値例であれば、（A）のような割引計算ではなく、以下の（B）のように暗算で収益率を導くことができます。「100の投資から114の回収が得られた。収益率（x）は14％（0.14）である。」

$$100\text{百万円}\times(1+x)=114\text{百万円}\cdot\cdot\cdot(\mathrm{B})$$

「投資額が何倍になったか（この場合は1.14倍）」という考え方はシンプルで分かりやすいのですが、現実の投資の回収（キャッシュフロー）は１度だけではなく複数回あり、期間も長期にわたりますので、「設備を100百万円で買って１年後に114百万円で売って投資額が1.14倍になった」というような設備投資は現実的ではなく、「100百万円の投資の効果として複数年間で回収されるキャッシュフローによる投資の利回り（内部収益率（IRR）と言います）は何％か」が投資評価に利用されます。これが利回り計算です。

ところで必要収益率を14％と設定している会社において、投資案件の回収期待額が120百万円であった場合、この投資を実行すべきでしょうか。

答えはYesです。図５のように、回収期待額（120百万円）を14％の割引率（必要収益率）を用いて現在価値を計算すると、105.3百万円となります。これは以下のことを意味します。

「１年後に120百万円の回収が期待される投資案件の現在価値は投資原価（100百万円）を上回る有利な案件と評価できる。」

割り引いた金額から投資額の100を差し引いてプラスになれば有利な投資案件となります。

（図４）割引計算と利回り計算

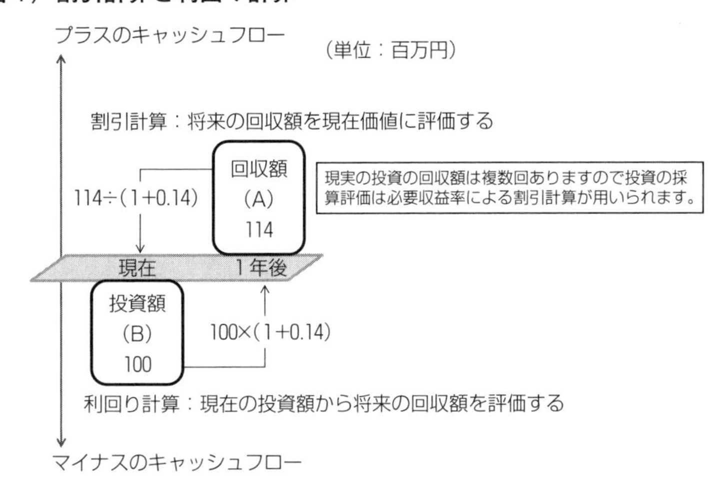

将来の回収額を現在価値に評価するのが**割引計算**であり、現在の投資額からの将来の回収額を評価する計算が**利回り計算**です。

（図５）現在価値法

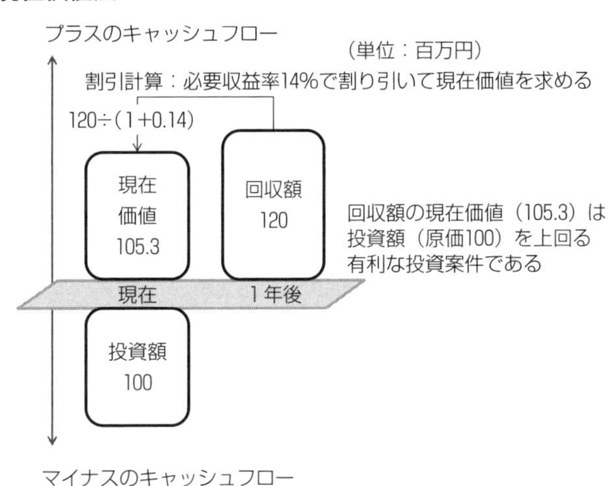

❸ 内部収益率法（IRR法）

割引計算を含む投資プロジェクト評価の2番目の方法は、内部収益率（IRR）法です。

内部収益率法も正味現在価値法と同様、必要収益率の概念を取り入れた手法で、正味現在価値法が回収額と投資額の差額キャッシュフロー（金額）を算出するのに対して、内部収益率法は投資利回り（率）を算出します。

投資プロジェクトの内部収益率（IRR）は、そのプロジェクトから得られるキャッシュフローの現在価値合計額（投資回収額）と、そのプロジェクトへの初期投資額とを等しくする割引率です。

右頁がその算式です。

内部収益率法を用いる場合の投資の評価基準としては、算式で求められる投資プロジェクトの内部収益率（IRR）が、正味現在価値法で割引率として用いられた必要利益率（ｒ）と比較されます。

「IRR＞ｒ」の場合にはその投資プロジェクトを採用し、逆に「IRR＜ｒ」の場合には投資プロジェクトを拒否すべきということになります。

設例の投資案件における具体的な内部収益率の算出方法は図6のとおりです。この投資案件から期待される内部収益率（投資からの利回り）は21.862％であることが分かります。

必要収益率14％を大きく上回る投資案件であり採用すべき投資案件となります。

正味現在価値法においては、必要収益率14％で割り引いた回収額が投資額を上回っていたため、投資の利回り（内部収益率）は14％を超えていることは分かります。さらに、具体的な投資利回りを明らかにするのが内部収益率法です。

内部収益率法

$$\sum_{t=1}^{n} \frac{CF_t}{(1+IRR)^t} = CF_0$$

（投資回収額）＝（投資額）

CF_t：第 t 期のキャッシュフロー

CF_0：初期投資額

IRR：内部収益率（求める数値）

n：投資プロジェクトの有効耐用年数

内部収益率（IRR）が必要収益率を上回る　⇨　採用する

内部収益率（IRR）が必要収益率を下回る　⇨　採用しない

（図 6 ）内部収益率法

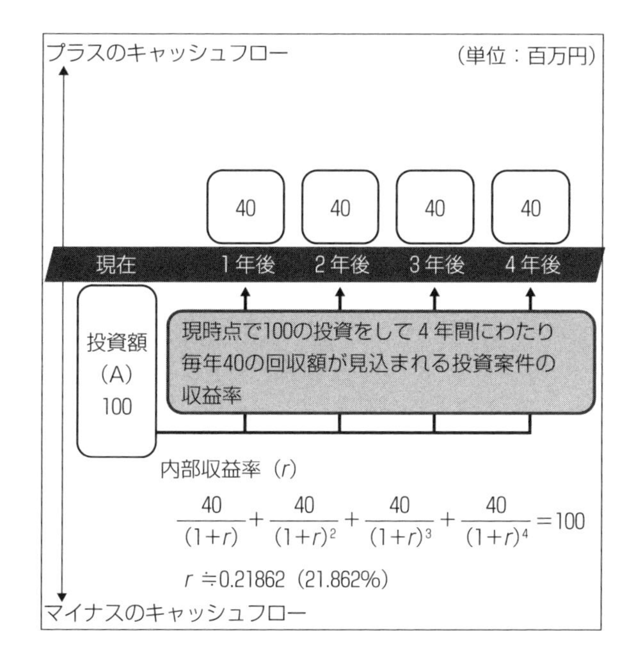

❹ 投資利益率法（ROI法）

会計的利益で算出する投下資本の収益性指標として一般的に利用されるのが投資利益率法（ROI法）です。キャッシュフローではなく会計的利益を利用することで比較的容易に計算できます。ROI法は分母の投資が効率的に利益を生み出しているかどうかを評価する収益性の基本指標です。

ROI法を用いての投資意思決定では、NPV法やIRR法と同様に、必要とする収益率を設定します。投資利益率（ROI）が必要とする収益率を上回る投資案件は採用します。

分母の投資額は分子の投資利益が認識できる範囲となりますので、資産単体ではなく店舗や工場など収支が算出できる資産グループ単位となるでしょう。なお、投資利益は会計利益であり減価償却後となります。

ところで割引計算を含む手法では投資の回収期間の設定がありました。投資利益率法ではどのように期間を認識すれば良いか、右頁の数値例（投資案件Xの投資利益率）を使って解説します。

投資利益率は期間経過につれて、表の各年投資利益率のように高くなる傾向があります。これは分母の帳簿価額が減価償却によって小さくなるためです。この点を補うためには投資期間全体の平均値をもって投資判断を行います。

投資利益率は6年間での平均投資残高と期待営業利益（平均値）の比率として15%と算出されています。この方法はリスクを目標投資利益率として利益率の高さで織り込みます。その点ではNPV法やIRR法と類似点がありますが、投資利益率法はキャッシュフロー（税引後の回収額）ではなく税引前利益を使用することに違いがあります。

投資利益率法

$$ROI（\%）=\frac{投資利益}{投下資本}\times 100$$

投資利益率（ROI）が必要収益率を上回る　⇨　採用する
投資利益率（ROI）が必要収益率を下回る　⇨　採用しない

NPV法やIRR法のように投資の評価対象期間の設定がある
ROIの算式には期間の存在が不明
投資案件の評価であれば評価対象期間が存在しているハズで各期間の収益率はどのように計算に織り込まれているか・・・

年度ごとの収益率ではなく、投資期間全体の平均値をもって投資利益率（ROI）を算出する

〔投資案件Xの投資利益率〕　（単位：百万円）

経過年数	営業利益（A）	減価償却費	投資残高	平均投資残高（B）	各年投資利益率（A/B）
0			4,000		
1	200	667	3,333	3,667	5.5%
2	250	667	2,667	3,000	8.3%
3	300	667	2,000	2,333	12.9%
4	350	667	1,333	1,667	21.0%
5	400	667	667	1,000	40.0%
6	300	667	0	333	90.0%
合計	1,800	4,000	-	12,000	-

$$\text{期待営業利益（6年間）}=\frac{1,800}{6}=300$$

$$\text{平均投資残高（6年間）}=\frac{12,000}{6}=2,000$$

$$\text{投資利益率（6年間）}=\frac{300}{2,000}=15.0\%$$

❺ 投資回収期間法

正味現在価値法と内部収益率法は、必要収益（率）を基礎にする方法ですが、投資回収期間法では、初年度の投資額やその後の追加投資（キャッシュ・アウト・フロー）やキャッシュ・イン・フローすべての累計がゼロになるのはいつか（投資の何年後か）をみるものです。

たとえば、回収期間が３年以内の投資であれば実行するという基準があれば、これをハードルとして評価・意思決定します。

右頁の図７は投資額が10百万円、その投資による効果としての増分キャッシュフローが１年後より４年間にわたり毎年４百万円であると期待される投資案件です。

投資額の10百万円を回収できるのは３年後（累計回収額12百万円）となり、投資実行すべきという結論になります。

投資回収期間法は、投下資本の回収に長期間を要する大規模な投資プロジェクトの評価には向いていません。このような投資案件は、遠い将来を予測するという不確実性が発生するため、割引計算（利回り計算）をともなうNPV法やIRR法によって評価すべきでしょう。

投資回収期間法は、リスクを期間によって織り込む評価方法であり、日常的な更新投資や合理化投資のように、金額的重要性が低く短期間での回収が見込める投資評価に有効です。割引率や収益率ではなく期間を短縮することで、結果として投資収益率の向上が可能となります。

投資回収期間法

（図7）投資回収期間法

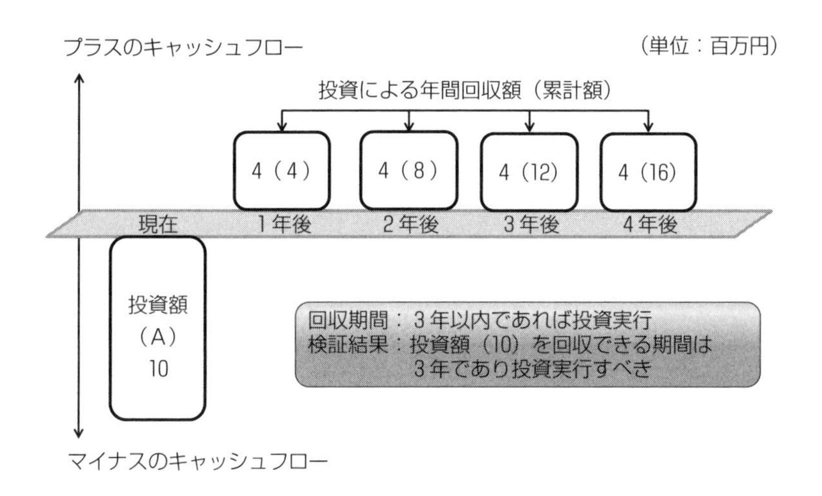

投資回収期間法の特徴

割引計算を用いないキャッシュフローによる評価手法

容易に評価可能である点は利点 ──→ 工場内の機械の入替えのような比較的少額の投資に向く

割引率によるリスクの織込みがない点は留意点 ──→ 工場全体のような大型投資には向かない

⇩

リスクをどう織り込むか ──→ 回収期間を短く設定（短くなればなるほど収益率は高くなる）

2　ケースで学ぶ採算計算と投資意思決定

❶　増産（拡大）投資

ＡＰ社は、携帯型情報機器の増産設備投資を検討しています。投資の総額は13,000百万円で本設備（グループ）の使用予定年数（投資による効果が期待できる年数でその翌年には更新投資を予定）は４年、使用予定年数到来時における残存価値は1,300百万円と見積もられました。

この増産投資により今後４年間にわたって毎年20,500百万円の売上増加が期待できます。加えて、以下の投資情報からこの投資案件の是非を検討します。AP社では正味現在価値法において割引率14%でプラス、投資利益率法（税引前）で20%を超えることを投資意思決定の基準としています。

投資設備関連	（百万円）
現金支出額	13,000
経済的耐用年数	４年
残存価額（処分可能価額）	1,300
減価償却費（定額法）	3,250
売上高年間増加額（４年間）	20,500
運転資本増加額（最終年度回収）	3,000
税率	40%

財務データは現状（投資前）と投資後では次のように変化します。

（単位：百万円）

	現状	増産投資後	増減額
売上高	100,000	120,500	20,500
固定費			
減価償却費	10,000	13,250	3,250
その他	20,000	26,000	6,000
変動費（40%）	40,000	48,200	8,200
運転資本	15,000	18,000	3,000

正味現在価値法と投資利益率法による評価

(1) 正味現在価値法による評価

(設備投資によるフリーキャッシュフロー推移と投資評価)　(単位：百万円)

経過年数	0	1	2	3	4	合計
売上高		20,500	20,500	20,500	20,500	82,000
減価償却費 (B)		3,250	3,250	3,250	3,250	13,000
その他の固定費		6,000	6,000	6,000	6,000	24,000
変動費		8,200	8,200	8,200	8,200	32,800
営業利益		3,050	3,050	3,050	3,050	12,200
税金		1,220	1,220	1,220	1,220	4,880
税引後営業利益 (A)		1,830	1,830	1,830	1,830	7,320
設備投資額 (D)	-13,000					-13,000
運転資本の増減額 (C)	-3,000				3,000	0
残存価値の回収額(税引後)(E)					780	780
フリーキャッシュフロー (FCF)	-16,000	5,080	5,080	5,080	8,860	8,100
(FCF=A+B+C+D+E)						
フリーキャッシュフロー現在価値	-16,000	4,456	3,909	3,429	5,246	1,040 (NPV)

16.9%(IRR)

(2) 投資利益率法による評価

(単位：百万円)

経過年数	営業利益	減価償却費	運転資本等回収	投資残高	平均投資残高	各年投下資本利益率
0				16,000		
1	3,050	3,250		12,750	14,375	21.2%
2	3,050	3,250		9,500	11,125	27.4%
3	3,050	3,250		6,250	7,875	38.7%
4	4,350	3,250	3,000	0	3,125	139.2%
合計	13,500	13,000		-	36,500	-

※4年度の「営業利益」欄には残存価額の回収額(1,300)を加算しています。

期待営業利益(4年間) $= \frac{13,500}{4} = 3,375$　平均投資残高(4年間) $= \frac{36,500}{4} = 9,125$　投資利益率(4年間) $= \frac{3,375}{9,125} \fallingdotseq 37.0\%$

(3) 設備投資の意思決定

正味現在価値法(プラス1,040百万円)、投資利益率法(37%)ともに投資意思決定の基準をクリアしており、結論は**「実行する」**になります。

❷ 合理化投資

ＳＫ社はＸ00年度期末に製造工程の一部について設備導入による自動化を検討しています。以下の投資前と投資後のデータから正味現在価値法によって投資を実行すべきか否かを判断します。

（計算条件）

● 設備に関する情報

自動化設備　25,000千円（稼働開始はX01年度期首）

経済的耐用年数　５年（定額法により全額の減価償却）

残存価額　2,500千円（＝X05年度期末の回収可能価額）

● コスト比較

現在の工員の人件費（２名）の作業が不要（新規採用を検討していた他部門への配置転換）となり年間賃金　10,000千円が節約できます。一方で設備導入により、動力費、メンテナンス費用、償却資産税等の現金支出費用が新規に3,000千円必要となります。

● 割引率と税率

割引率　10%（資本コスト）　　税　率　40%

データ適用に関する注意点

Point 1：節約コストについて

合理化投資による節約賃金10,000千円は現在の工員の人件費（２名）ではなく、合理化投資が行われなかった場合に採用する予定だった人の人件費です。

Point 2：割引率について

「増産（拡大）投資」の割引率は14%でしたが、本件では10%としており、比較的に低いレートを設定しています。理由は、すでに実行している事業であり、追加のリスクを織り込む必要がないからです。

正味現在価値法による評価の手順と意思決定

（1）設備の減価償却費を計算します。

$$\text{年間減価償却費} = \frac{25{,}000\text{千円}}{5\text{年}} = 5{,}000\text{千円}$$

（2）自動化による増分キャッシュフローを計算します。

増分キャッシュフロー＝①(節約賃金－増加現金支出費用)×②(１－税率)
＋③減価償却費×税率

＝（10,000千円-3,000千円）×（１-0.4）＋5,000×0.4

＝6,200千円

計算式の説明：投資しなかった場合に比べて・・・

①節約できるキャッシュフローをプラス（続く②を掛けて手取額とする）

②上記①は利益に関してもプラスとなり課税を考慮

③減価償却費が増加し、節税によるキャッシュフローをプラス

増分キャッシュフローは、投資を実行しなかった場合（現状のままの場合）に比べて増加すると期待されるキャッシュフローです。

（3）正味現在価値法にて投資評価を行います。

（単位：千円）

	X00期末	X01期末	X02期末	X03期末	X04期末	X05期末	合計
差額キャッシュ・フロー	-25,000	6,200	6,200	6,200	6,200	7,700	7,500
同上　現在価値	-25,000	5,636	5,124	4,658	4,235	4,781	-566
現価係数（10%）	1.0000	0.9091	0.8264	0.7513	0.6830	0.6209	−

IRR=　9.14%

※X05期は残存価値の回収額（税引後）を含む　①6,200＋②2,500×（１-0.4）＝7,700

①毎年の増分キャッシュフロー　②残存価額売却手取額

売却時は全額償却済

収入額への税額を控除

意思決定：事業の追加・拡大による追加リスクはないものの、資金を使って投資することへの必要収益率（割引率）10%をクリアできず、結論は**「実行しない」**になります。

第 9 章

ケースで学ぶ 戦略的意思決定

戦略的な意思決定は日常的な意思決定と何が違うのですか?

将来の業績への影響が極めて大きく、かつ影響の期間が長期にわたる

1　新製品販売の投資意思決定

ジュピタースター株式会社は事務用品を製造しており、現在X01年度の利益計画を策定中です。実績状況を基礎にして社内の各部門からの要求や予算データをまとめるとX01年度の営業数値は販売量300万個（生産能力450万個）、平均売価200円、期間固定費３億２千万円（うち人件費２億円）、変動費率50％と予想されています。

（1）現状データからX01年度の営業利益を計算してみましょう。

（金額単位：円）

売上高	販売数量		平均売価			
	3,000,000個	×	200	=	600,000,000	(A)
変動費	売上高		変動費率			
	600,000,000	×	50%	=	300,000,000	(B)
固定費			固定費額			
			320,000,000	=	320,000,000	(C)
営業利益			(A) − (B) − (C)	=	△ 20,000,000	

現状の予測販売数量（300万円）では赤字になってしまいます。何とか赤字は避けたいと考えており、損益分岐点を計算します。

（2）損益分岐点売上高及びその販売数量を計算してみましょう。

（金額単位：円）

損益分岐点売上高	固定費		限界利益率		
	320,000,000	÷	50%	=	640,000,000
販売数量	損益分岐点売上高		販売単価		
	640,000,000	÷	200	=	3,200,000個

予定（予算）販売数量と、損益分岐点での販売数量とは20万個の開きがあり、現状のままでは赤字が避けられないもようです。

当初から赤字予算となることを社長にどう説明すべきか検討していると、社長からの指示メールが入ってきました。
「X01年度の営業利益は１億円を必達目標とする。」

（３）X01年度の営業利益１億円について、固定費の削減により達成するケースと売上高の増加により達成するケースの２通りを検証してください。解答は目標固定費と目標売上数量を算出してください。
なお、それぞれのケースで平均売価（200円）、変動費率（50%）は変化しないものとします。

（金額単位：円）

A　固定費削減により達成するケース（目標固定費：FC）

　　　　　　（売上高）　　　　　　（変動費＋固定費）
目標営業利益:600,000,000 －（600,000,000×50%(限界利益率）＋FC）＝ 100,000,000
　　　　　　　　　　　　　　　　　　　　　　　FC　　　　　　　　＝ 200,000,000

B　売上増加により達成するケース（目標売上数量：Q）

　　　　　　（目標限界利益）　　　　　　（固定費）
目標営業利益:（200×Q×50%（限界利益率））－ 320,000,000 ＝ 100,000,000
　　　　　　　　　　　　　　　　　　　　　　　Q（個）＝4,200,000

営業利益１億円の達成を固定費削減による場合、現状で予定した固定費３億２千万円を２億円に圧縮しなければならず、短期間で実現する対策としては非現実的と言えます。一方の固定費を１億円上回る限界利益を獲得して１億円の利益を実現することも、目標販売数量を420万個（現状の予定販売数量300万個）にまで増やす必要があり、こちらの対策も非現実的と言えます。

（４）赤字予算となる要因を分析して、解決への糸口を探ってみましょう。

１億円の黒字化が困難になった要因は、過剰生産能力を持ち、「限界利益に対して固定費が多すぎる」、あるいは「固定費に対して限界利益が少なすぎる」点にあります。リストラ（固定費削減）か販路拡大（限界利益増加）かが解決策となりますが、できる限りリストラは避けたいところです。

（5）同業大手企業から業務提携のオファー

１億円の黒字化対策を検討中に同業大手企業より、新製品Xの供給に関する商談が寄せられてきました。

納入単価は180円であり、数量は100万個です。新製品Xは従来品と同じラインで製造が可能であり、変動費は１個当たり100円です。この商談が成約しても当社の一般販売価格や変動費率に変化はなく、新たな固定費の発生もないと仮定して、この商談を成約すべきかどうか検討します。

右頁の表の「当初予算案（A)」に新製品Xの供給による損益部分「新製品Xの供給（B)」を実施すると「合計（A）＋（B)」となります。

当初の予算案では、営業利益の予想が２千万円の赤字でした。既存ラインで製造が可能な新製品Xの供給によって売上高１億８千万円、限界利益８千万円の追加が見込めます。一方で追加の固定費はほとんど必要なく生産ができそうです。150万個分の生産余力を持っており、新たな設備投資や人の採用は必要ありません。必要ないということは当初予算案では過剰設備、かつ余剰人員（※）の状態であったと言えます。

結果として新製品Xの供給が実施された場合の営業利益は６千万円が見込めます。

(意思決定)

同業大手企業向けの新製品Xの供給・販売に関する商談を成約する

（※）生産量が減少して余剰人員の状態になった場合

一般に製造業の企業において、受注・生産量が減少しても、構造的で長期に及ぶ減少と見込まれなければ、ただちに人員を削減する意思決定は行われないと考えられます。

製品需要の回復時に対応する生産能力や技術力を維持するためです。

固定費を一度に減少させることも避けたいものです。

（単位：円）

	当初予算案（A）	新製品Xの供給（B）	合計（A）＋（B）
売上高	600,000,000	180,000,000	780,000,000
－変動費	300,000,000	100,000,000	400,000,000
限界利益	300,000,000	80,000,000	380,000,000
－固定費	320,000,000	0	320,000,000
営業利益	-20,000,000	80,000,000	60,000,000

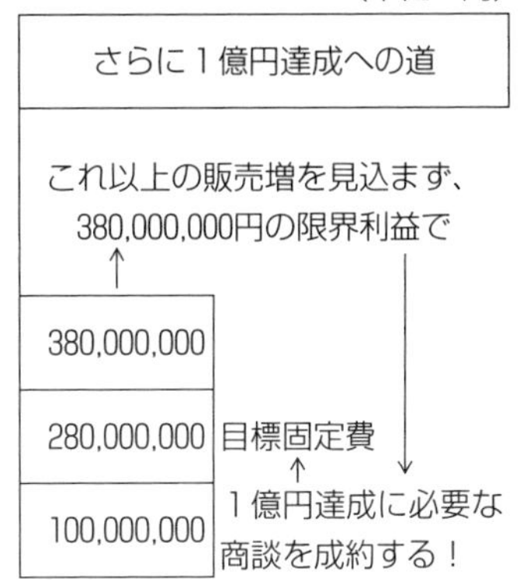

（６）営業利益１億円達成への道

新製品Xの供給が実施された場合において、固定費削減によって営業利益１億円を目標とする場合、目標固定費はいくらになるでしょうか。

（解答）

目標固定費は２億８千万円

上記の表において新製品Xの供給が実施される場合に、営業利益は６千万円が見込まれます。これ以上の販売増を見込まず、さらに利益を増やすには４千万円の固定費圧縮が必要となります。稼働率が上がった状態で有効に活用されていない固定費があれば、それは生産能力や技術力を維持するためのものではない、温存する必要のない削減すべき固定費となります。

ただし、４千万円もの固定費圧縮は容易でないのも事実。固定費圧縮と併行して変動費率の引下げによる限界利益を増やす対策も同時に実施していくことが、より確実な１億円への道になることでしょう。

2　事業存続か撤退の意思決定

❶　撤退の意思決定

（1）リスクへの対応で重要なことは

「リスク」は当初予定した成果とは違う結果となる可能性のことで、リスクの大きさは「振り子の振り幅」にたとえることができます。

リスクを取らなければ、すなわち振り子を振らなければ右頁の図「A」の位置にとどまり、新たな損失は生じません。しかし同時に利益も生まれません。

リスクは時として企業に大きな損失を生じさせますが、成長発展のための利益の源泉でもあるのです。

リスクを取らない企業は、収益を維持することも価値を高めることもできません。

企業にとってリスクをとることは必然であるとすると、すなわち損失の発生が可能性として否定できない事実とすると、重要な点が浮かびあがってきます。振り子の図に描いてみましょう。

利益を増やす右側のみならず損失を抑える左側に意識を向けることです。

企業が破綻する原因は、リスクを取ったからではなく、結果として発生した損失を事業継続ができないほどに巨大化させることにあります。

（2）撤退の判断基準と適用の留意点

撤退ルールでは大手商社の“3年連続赤字での撤退”がよく知られているところです。ただし、基準に抵触しても、経営戦略上の合理性があれば存続の判断もありえます。重要なことは事前に撤退のルールを決めておくこと、そして存続の場合の説明責任の所在を明確にしておくことです。

リスクは振り子の振り幅

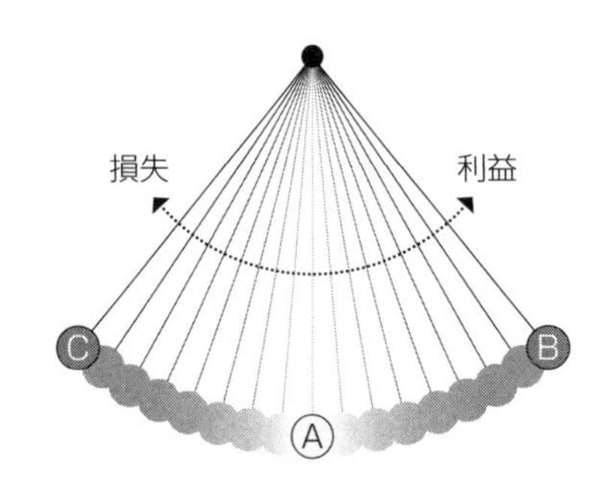

リスクは利益の源泉です（損失の元でもあります）。

リスクを取らない会社は現実には存在しません。リスクを取らない会社は、バランスシートの資産側がすべて資金のみになっている会社です。

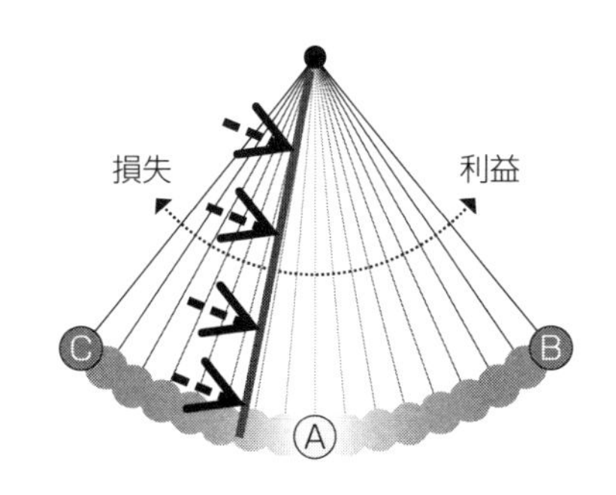

リスクを取って利益を増やす（AからB）ことに意識を向ける一方で、リスクを取った結果として発生した損失（AからC）への流れを抑えることは特に重要！

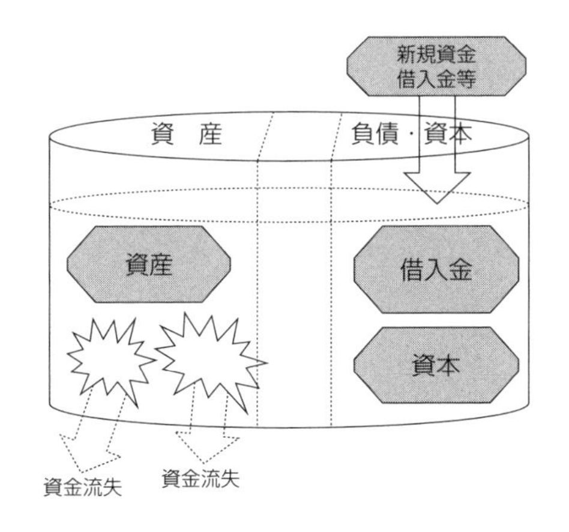

一部事業の損失を長期間にわたって放置すれば図のように資金流失が継続し、企業全体の財政状態を悪化させることになります。

穴が空いたバランスシートに資金を追加しても流れ出るだけ。穴からの資金流失を塞ぐ（損失にストップをかける）決断は必須です。

❷ 【ケース1】海外現地法人の存続・撤退の意思決定

X製造株式会社（X社）は，25年前に急激な円高への対応策のひとつとして，A国で連結子会社（AX社）を設立しました。出資額は50億円です。

AX社は，設立当初こそ好業績を続けてきたものの，この10年ほどは生産品への需要が減少し，かつ現地での生産コストが高まり，赤字決算が目立って増えてきました。

直近の個別上のバランスシートでは，利益剰余金のマイナスが資本金と資本準備金の合計額の2/3を超えています。

X社のグループ経営戦略室では，AX社の従業員は規律正しく技術習得も早いため，現在とは別の生産品の取扱いを検討しておりますが，明確に社内でコンセンサスが得られているわけではありません。

現状での生産品の取扱いを前提として，AX社の事業継続の是非を以下の決算データ等を参考に検討してみましょう。

なお現在のバランスシートの状態とグループ経営上の撤退ルールを照らし合わせると“原則撤退”が妥当な判断となります。また，AX社長は事業存続を希望するも明確な業績改善根拠を示せていない状態です。

〔決算データ等〕

イ）売上高　140億円（連結全体売上のうちの約10%）
ロ）購入材料費　50億円（変動費）
ハ）人件費　50億円（固定費）
ニ）減価償却費　20億円（固定費）
ホ）その他変動経費　20億円（変動費）
へ）その他固定経費　20億円（固定費）

減価償却費以外はすべて現金収支をともないます。

棚卸資産の変動はないものとして検討します。

〈検討〉

別の生産品や新製品の取扱いにより業績改善が期待でき，事業存続を前提に考えるならば固定費（人件費，減価償却費，その他固定経費）は今後の意思決定にかかわらず発生する変更不能なコスト，すなわち埋没原価となります。限界利益（＝売上高−変動費）は70億円生み出されています。固定費90億円を吸収できませんので赤字決算となっていますが，存続を前提とするならばより大きな限界利益の獲得による黒字化を目指します。

ただし、今回は撤退ルールに抵触し，AX社長による存続のための明確な業績改善根拠を示せない現状では，撤退が現実的な判断となりそうです。固定費圧縮をともなうリストラによる存続判断もありえますが，それは業績改善の将来展望をえがけることが前提となるでしょう。

存続が前提とならないならば、埋没原価は過去の決定コストとなる減価償却費のみです。減価償却費以外での損益かつ収支はゼロ（限界利益70億円＝減価償却費以外の固定費70億円）であり，設備投資が不可欠な製造事業での事業継続は困難です。事業投資は投資額が損失限度となるのではなく，継続すればするほど事業損失は拡大し続けます。特段の存続の必要性がない場合であれば，**事業撤退**が説明可能かつ経済合理性のある経営判断となります。

❸ 【ケース２】国内事業部の存続・撤退の意思決定

① 部門別見積Ｐ／Ｌ

以下は、衣料品およびその関連商品の販売を行っている甲社の各事業部別見積損益計算書です。甲社では過去２年赤字が継続しているA事業部を今後も継続させるべきかを検討しています。

X01年度予算				（単位：千円）
	全社	A事業部	B事業部	C事業部
売上高	2,540,000	630,000	172,000	1,738,000
売上原価	1,320,000	376,000	65,300	878,700
売上総利益	1,220,000	254,000	106,700	859,300
販売費及び一般管理費	907,700	273,200	55,700	578,800
配送費	52,100	15,000	3,400	33,700
広告宣伝費	56,200	13,200	2,300	40,700
人件費	321,000	101,000	18,000	202,000
賃借料	276,000	82,100	17,000	176,900
業務委託費	76,200	23,100	5,600	47,500
消耗品費	32,000	10,600	2,400	19,000
減価償却費	56,200	17,200	3,800	35,200
雑費	38,000	11,000	3,200	23,800
部門営業利益	312,300	-19,200	51,000	280,500
本社費用	304,800	83,520	19,464	201,816
部門利益	7,500	-102,720	31,536	78,684

② 損益分岐点売上高の算出

右頁では各事業部での固定費と変動費の分析（固変分解）と損益分岐点売上高を算出しています。固変分解は費目別精査法によって行っています。

各事業部の損益分岐点の算出

（単位：千円）

A事業部	合計	変動費	固定費
売上高	630,000		
売上原価	376,000	376,000	
売上総利益	254,000		
販売費及び一般管理費	273,200	38,100	235,100
配送費	15,000	15,000	
広告宣伝費	13,200		13,200
人件費	101,000		101,000
賃借料	82,100		82,100
業務委託費	23,100	23,100	
消耗品費	10,600		10,600
減価償却費	17,200		17,200
雑費	11,000		11,000
部門営業利益	-19,200		
本社費用	83,520		83,520
部門利益	-102,720	414,100	318,620
		変動費合計	固定費合計

$$損益分岐点売上高 = \frac{固定費}{1 - \frac{変動費}{売上高}} = \frac{318,620}{1 - \frac{414,100}{630,000}}$$

≒ 929,739千円（A事業部）

（単位：千円）

B事業部	合計	変動費	固定費
売上高	172,000		
売上原価	65,300	65,300	
売上総利益	106,700		
販売費及び一般管理費	55,700	9,000	46,700
配送費	3,400	3,400	
広告宣伝費	2,300		2,300
人件費	18,000		18,000
賃借料	17,000		17,000
業務委託費	5,600	5,600	
消耗品費	2,400		2,400
減価償却費	3,800		3,800
雑費	3,200		3,200
部門営業利益	51,000		
本社費用	19,464		19,464
部門利益	31,536	74,300	66,164
		変動費合計	固定費合計

$$損益分岐点売上高 = \frac{固定費}{1 - \frac{変動費}{売上高}} = \frac{66,164}{1 - \frac{74,300}{172,000}}$$

≒ 116,481千円（B事業部）

（単位：千円）

C事業部	合計	変動費	固定費
売上高	1,738,000		
売上原価	878,700	878,700	
売上総利益	859,300		
販売費及び一般管理費	578,800	81,200	497,600
配送費	33,700	33,700	
広告宣伝費	40,700		40,700
人件費	202,000		202,000
賃借料	176,900		176,900
業務委託費	47,500	47,500	
消耗品費	19,000		19,000
減価償却費	35,200		35,200
雑費	23,800		23,800
部門営業利益	280,500		
本社費用	201,816		201,816
部門利益	78,684	959,900	699,416
		変動費合計	固定費合計

$$損益分岐点売上高 = \frac{固定費}{1 - \frac{変動費}{売上高}} = \frac{699,416}{1 - \frac{959,900}{1,738,000}}$$

≒ 1,562,248千円（C事業部）

（検証）

①安全余裕率による存続・撤退の意思決定の必要性と分析コメント

各事業部における安全余裕率を計算し、A事業部の事業継続の是非を検証します。たとえば最大規模のC事業部の安全余裕率を計算すると以下のようになります。

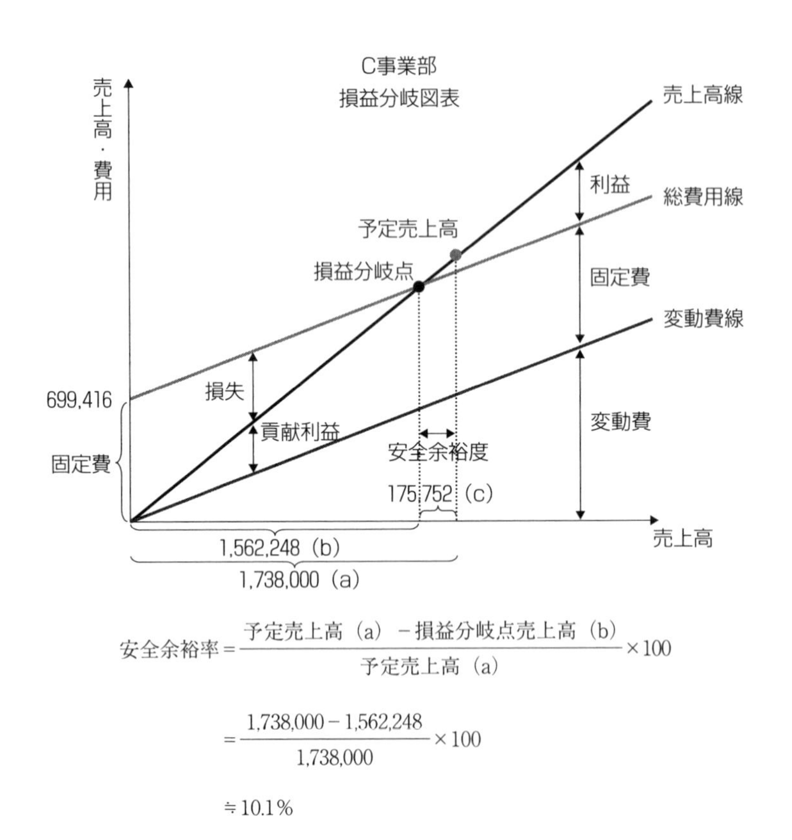

$$安全余裕率=\frac{予定売上高（a）－損益分岐点売上高（b）}{予定売上高（a）}\times 100$$

$$=\frac{1{,}738{,}000-1{,}562{,}248}{1{,}738{,}000}\times 100$$

$$\fallingdotseq 10.1\%$$

同様に計算された各事業部の安全余裕率は以下のとおりです。

A事業部の安全余裕率：−47.6％

B事業部の安全余裕率：32.3％

C事業部の安全余裕率：10.1％

売上面において、Ａ事業部はＣ事業部に次ぐ規模となっており、全社でのウェイトは25％程度となっています。一方で、成果としての部門利益ではＡ事業部の赤字が他部門の利益のほとんどを消去するほど大きくなっています。

黒字となっているＢ事業部は安全余裕率が32.3％と高く、分析上では予定された売上高が32％以上の減少とならないかぎり黒字が確保できそうです。一方でＣ事業部の安全余裕率は10.1％と低く、予定売上高が10％以上減少すると赤字のリスクが高まります。Ｂ事業部は赤字になりにくいものの規模が小さく、会社全体への利益の貢献度は限られています。Ａ事業部への対応がないままでＣ事業部が赤字に転落すると、会社はきわめて厳しい経営状況に陥ります。Ａ事業部の存続か撤退かの意思決定は、待ったなしといえます。

②意思決定による影響と分析コメント

X01年予算						(単位：千円)
	全社 (現状)	A事業部 (撤退)	A事業部① (消去不能)	B事業部②	C事業部③	全社①②③ (撤退後)
売上高	2,540,000	630,000		172,000	1,738,000	1,910,000
売上原価	1,320,000	376,000		65,300	878,700	944,000
売上総利益	1,220,000	254,000		106,700	859,300	966,000
販売費及び一般管理費	907,700	273,200	118,200	55,700	578,800	752,700
配送費	52,100	15,000		3,400	33,700	37,100
広告宣伝費	56,200	13,200		2,300	40,700	43,000
人件費	321,000	101,000	101,000	18,000	202,000	321,000
賃借料	276,000	82,100		17,000	176,900	193,900
業務委託費	76,200	23,100		5,600	47,500	53,100
消耗品費	32,000	10,600		2,400	19,000	21,400
減価償却費	56,200	17,200	17,200	3,800	35,200	56,200
雑費	38,000	11,000		3,200	23,800	27,000
部門営業利益	312,300	-19,200	-118,200	51,000	280,500	213,300
本社費用	304,800	83,520	83,520	19,464	201,816	304,800
部門利益	7,500	-102,720	-201,720	31,536	78,684	-91,500

上記の表は、Ａ事業部を現状のまま存続させる場合と、Ａ事業部を他社に

譲渡することなく単純に撤退（廃止）した場合の２通りについて、会社全体の営業利益（全社の部門利益）がどのようになるかを分析したものです。分析結果は、現在のまま存続させる場合は7,500千円、単純に撤退した場合は-91,500千円となっています。

意思決定において重要なことは、「意思決定によって何が変化するか」です。上記のようにＡ事業から撤退すればＡ事業部の部門利益の赤字（-102,720千円）が消えるわけではありません。上記の分析上では、Ａ事業部関連で、撤退しても消去できない費用が201,720千円存在するため全社の部門利益は現状（7,500千円）から撤退後（-91,500千円）へと赤字に転落することを示しています。なお、撤退による消去不能費用は人件費と減価償却費とし、他の費用は消去可能と仮定しています。

３年連続の赤字が予定されている現状では撤退も考えられますが、本社費用控除前の利益では大きな赤字にはならず、またこの事業の他のコスト（特に変動費）を低下させる（黒字化への計画が立てられる）ことに事業部責任者がコミットするならば存続の決断も妥当といえます。

本ケースでは、単純に撤退することは考えられず、Ａ事業部と同業の会社への事業譲渡も現実的な対応策として検討されることとなるでしょう。

第10章

管理会計からの企業価値向上

（管理会計からコーポレートファイナンスへ）

管理会計とコーポレートファイナンスの関係は？

未来の業績を生み出すこと（管理会計のテーマ）は企業価値向上（コーポレートファイナンスのテーマ）の実現につながる

1　財務会計とは異なる管理会計の価値概念

❶　事業リスクと資本コスト

管理会計とコーポレートファイナンスが共有する価値概念が資本コストです。資本コストは、資本の規律として、会社にとって必要とする収益です。

最初に、借入金の規律について考えてみましょう。銀行からお金を借りるということは、後で利息を付けて返さなければなりません。利息を付けて返せるだけの成果を生み出して、約束どおりに返済し続ける意思と覚悟が必要です。このような、お金を借りるという行為にともなう責務が借入金の規律です。

次に、株主資本としてのお金を使用することの意味を考えます。会社が赤字になると株主には配当が払えなくなるかも知れません。それどころか株価が下落して投資額が回収できない大きなリスクを株主は負っています。工夫や努力により赤字リスクを減らすことは可能ですがゼロにはできません。そのリスクを負っているのが株主です。

もし、株主資本の存在がなかったら、バランスシートの右側から株主資本がなくなったら、企業活動はどうなるか。リスクが取れません。これは経営ができないことを意味します。

会社の買収も設備投資も、研究開発も人の採用も、そしてお金を借りることもできません。上司が部下に「失敗しても良いからやってみろ。私が責任を取る！」などと言えません。失敗すれば債務超過になります。

株主資本があるから設備投資も研究開発も、長期的視点での人の採用も借金もできるのです。企業経営が維持できるのです。企業経営にとって極めて重要な存在が株主資本です。

それでは、株主資本を使うことへの資本の規律として株主資本のコストはどう理解すれば良いのでしょうか。

株主重視で目標利益を決めている

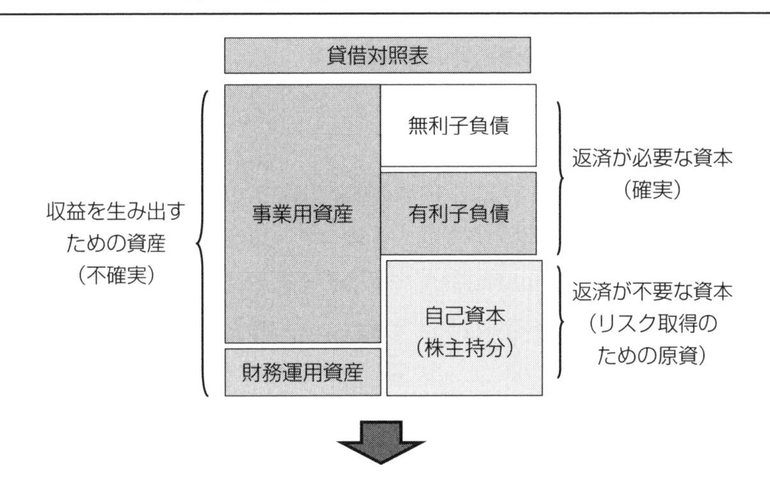

※株主持分の資本がなければリスクが取れない（＝経営ができない）

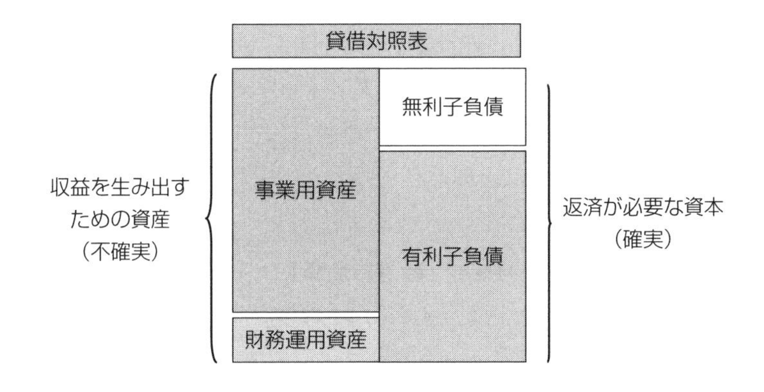

株主が大きなリスクを引き受けているのであれば
企業は株主のリスクに見合うリターンを目標とすべき

企業の設備投資の意思決定において、リスクに見合う必要収益率（ハードルレート）を設定するように、投資家の投資意思決定においても必要収益率は存在するはず。**⇒企業は投資家のリスクを上回るリターンを目標とする！**

❷ 当期純利益は本当の利益と言えるか

（1）財務会計の常識と管理会計の現実的思考

財務会計の常識は必ずしも管理会計やコーポレートファイナンスの常識にはなっていない場合があります。

貸借対照表の右側に注目します。損益計算書の当期純利益の計算において、会社が使っているお金である借入金のコストは支払利息として計上済みです。では、株主の持分である株主資本のお金のコストはどこに計上されているのでしょうか。当期純利益の計算では、このお金のコストは計上されていません。当期純利益は株主からのお金はタダであるとして計算した“利益”なのです。株主資本のコストを引かないと本当の成果とは言えないのではないでしょうか。

これが資本コストの本質を考えるうえでの原点です。

この問いに対する答えは、財務会計の損益計算書にしてもらいましょう。

「当期純利益は本当の利益、株主資本コストを引く必要はありません。」

「株主資本コストを引かないのは、企業にとって株主はオーナーだからです。オーナーは最終的な成果（純利益）を受ける立場です。」

損益計算書の解説は明快です。

（2）管理会計がとらえる利益は「経済的価値」

決算書の利益において、株主からのお金のコストを引く必要がないのは理解できます。しかし経営管理面から考えると、経済資源を使っていながらそのコストを認識しないで計算された利益は“真の利益”と言えるのか。すなわち経済的側面から、企業が生み出す価値を考えるならば、使用している経営資源となる資本全体のコストを差し引いて計算されるべきではないか。」という考え方も成り立ちます。では、株主資本コストとはなにか。

コストの本質を考えます。コストには取引相手の存在があります。こちらのコストは相手にとって納得できる収益であるということ。**株主資本コストは株主の期待する収益である。これが株主資本コストの本質です。**

財務会計と異なる管理会計の価値概念

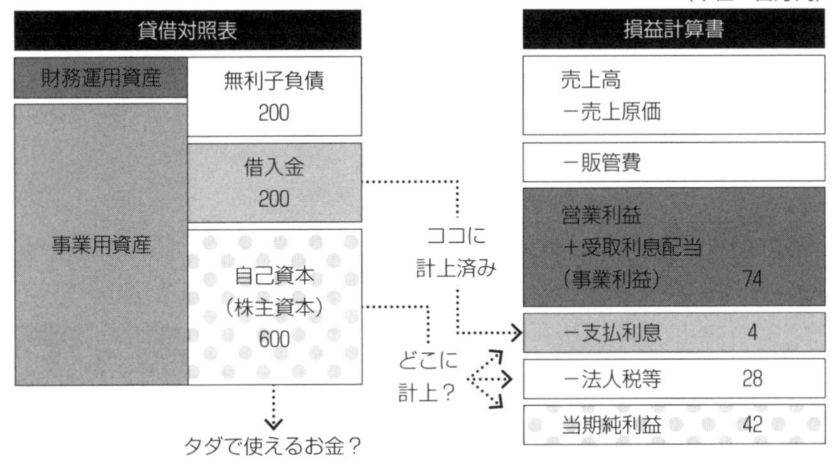

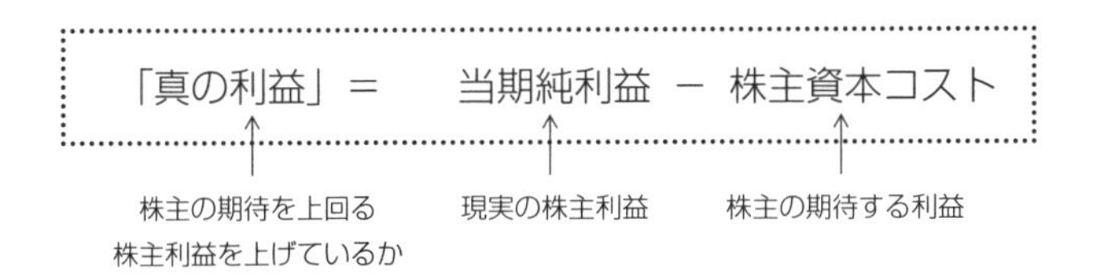

「株主資本コストは株主が期待する収益である。したがって当期純利益から株主資本コストを差し引くことによって、株主の期待を上回る成果が得られているかどうかを見ている。株主以外のすべての取引先、社員、銀行そして国や自治体へ約束どおりの支払いを済ませた後、最後に株主の期待を超える成果を残せたということは、真の成果、十分な利益を生み出したことを意味する。」

これが管理会計とコーポレートファイナンスが共有する価値概念です。

❸ 株主資本コストはどのように計算するのか

株主の期待する利益（株主資本コスト）を意識して、期待以上の成果を上げ続けることが「企業価値向上の道」になります。

株主資本コストの意味や重要性が理解できても、具体的に計算できなければ、使える管理会計になりません。

株主資本コストの計算、これはコーポレートファイナンスが担います。

一般に株主資本コストは証券投資理論から説明されることが多いです。ここでも簡単にご説明しましょう。

資本コストは資本提供者の期待する収益です。

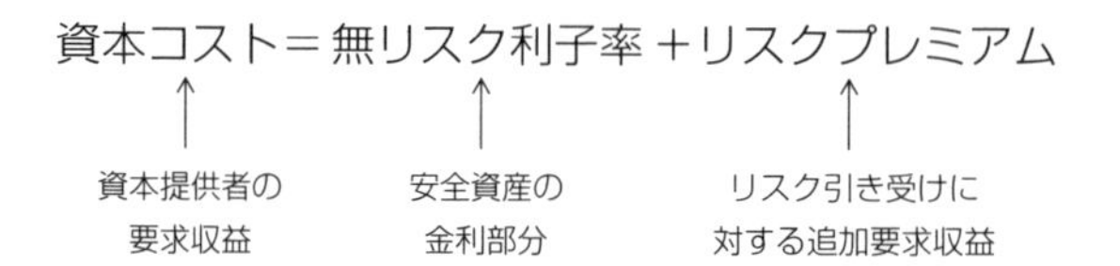

お金の出し手の立場からは、リスクが高い債券や株式の発行会社にはリスクに見合った収益を要求するでしょう。そのリスクに見合った追加の要求収益がリスクプレミアムです。リスクを取ることへのご褒美です。もっともリスクの低い発行体は国です。国が発行する債券（国債）の利率はリスクフリーレートと呼び、他の発行体の調達レートはリスクフリーレートを基準にして、リスクの程度に応じてリスクプレミアムを加算します。

株主資本コストは株式の発行によるコストですから、リスクプレミアムは高くなります。

株主資本コストの算出については証券投資理論を使った資本資産評価モデル（Capital Asset Pricing Model、CAPM／キャップエム）がありますが、本書ではより現実的に実践できる手法をご紹介します。管理会計は経営者・経営幹部を中心に会社全体で取り組む必要があり、経理・財務、経営企画部門の理解だけでは済まされません。良い制度を作っても実践が難しく、社内での周知・説明を考えると、難解な証券市場データを使用するCAPMより、誰もが理解しやすい"株主資本コスト"が必要です。

ROEから株主資本コストを説明するのが、全社的にもっとも理解されやすいでしょう。ROEに関するニュースは新聞紙上でも多く見られるようになりました。

$$ROE\ (\%) = \frac{\text{当期純利益}}{\text{自己資本}} \times 100$$

ROEは分母が株主持分となる自己資本、分子は株主が受ける収益となる当期純利益の実績値です。いわば会社が株主に提供した現実の株主資本コストです。

ROEの目標数値を設定することは、会社が目標とする株主資本コストを明らかにすることを意味します。

（解説）ROEの目標値を株主資本コストに設定することについて

ROEの実績値は、株主の期待する株主資本コストではありません。また会計データから算出されるROEと、証券市場データから算出される株主資本コストを同一視することもできません。

しかし、市場データが存在しない多くの非上場会社、あるいは上場会社であっても、大きく変動する証券市場データから算出する株主資本コストを目標管理に使用することに違和感を覚える場合、株主資本コストを株主の満足が得られるROE水準として設定して経営管理することは、説明可能かつ合理的な方法のひとつであると考えます。

2　資本コストを設定すると どんな経営管理ができるのか

会社にとって十分な利益とはいくらなのか、各事業部での予算目標値はどう設定すれば良いのか、設備投資や事業投資、M&Aの意思決定で設定する必要収益率はどう決めるのか、これら様々な経営管理の目標値や必要収益率を決める際に中心的な役割を果たすのが資本コストです。

右頁の図は資本コストが経営管理全般にどのように機能するのかを示す概念図です。損益計算書を中心に、左右に貸借対照表を置いています。図は右から左に、（A）→（B）→（C）→（D）→（E）の矢印の順番で解説します。

（1）矢印（A）の解説

図のケースの会社が株主資本コストを設定し、経営管理する場合を考えてみましょう。会社の自己資本は600百万円です。会社の潜在能力を引き出して、株主利益重視の経営を実践するため、ROEを８％に目標設定してみましょう。これは、株主の受ける収益率を８％に目標設定したことを意味します。会社内部ではこれをコストとして認識し、当期純利益を目標設定すると48百万円となります。

（2）矢印（B）の解説

前提条件を加えます。借入金利２％、税率40％です。

複数の事業部を持つ企業では事業部単位での行動目標を定める必要があります。各事業部は当期純利益の目標設定をしているのではありません。各事業部の目標管理する利益は営業利益です。そこで全社ベースから事業部門ベースに必要な利益を計算する必要があります。

当期純利益を48百万円計上するのに必要な営業利益はいくらか。

BS右側で必要収益率、左側で目標収益率が決まる

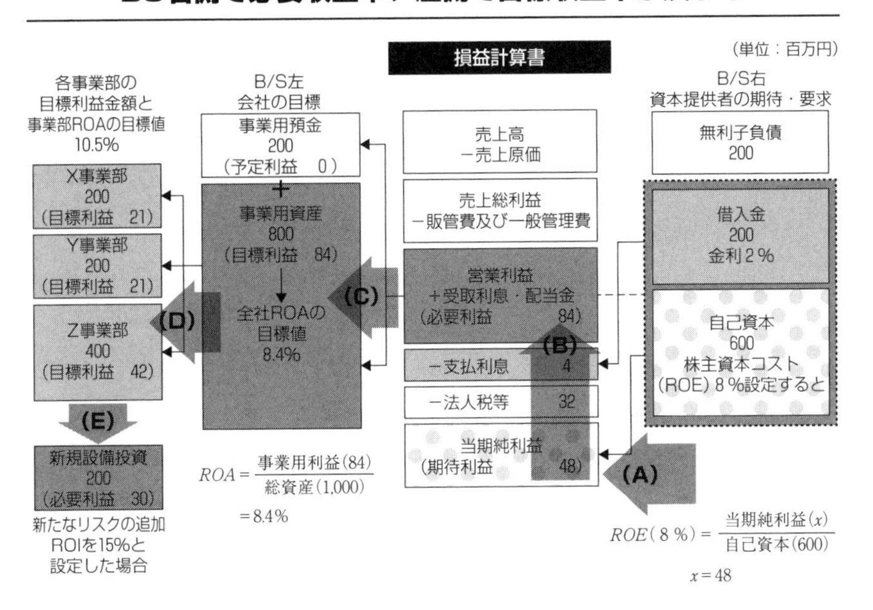

前提条件を加味すれば、必要な営業利益は84百万円です。借入金200百万円の借入金利２％で支払利息４百万円、税率40％で税引後の当期純利益48百万円が確保できる営業利益の目標値です。

（3）矢印（C）の解説

前提条件をさらに加えます。資産は営業利益を生み出す事業部の資産（在庫や設備等）と無利子負債と同額の事業用預金のみとします。全体像の把握のため設定はできるかぎりシンプルにしています。事業利益＝営業利益です。全社ROAの目標値は図中で計算されるとおり8.4％です。

（4）矢印（D）の解説

会社には3つの事業部があり、XYZ各事業部で使用している資産はそれぞれXとY事業部が200百万円、Z事業部が400百万円です。全社で目標とする営業利益84百万円を使用資産の大きさにより、各事業部に割り当てます。XとY事業部が21百万円、Z事業部は42百万円になります。ちなみに事業部ROAは10.5%です。会社全体のROA（8.4%）よりも、事業部の目標ROA（10.5%）の方が高くなる点にご注目ください。会社全体の資産には収益をほとんど生み出さない事業用預金があるからです。会社全体で必要となる84百万円は、事業用資産800百万円で生み出さなければなりません。

これまで、矢印（A）から（D）までの順序で、**資本コストの金額**から事業部ROA10.5%を設定してきましたが、**資本コストの率**から事業部ROAを求める方法もご紹介しましょう。借入金と自己資本のウェイトによって加重平均資本コスト（WACC）として算出する方法です。なお、一般にWACCは借入金や自己資本（資本側）は時価ベース、借入金利や株主資本コスト（コスト側）は税引後で算出しますが、各事業部における営業利益での目標管理を想定して資本側は簿価ベース、コスト側は税引前ベースで計算しています。

加重平均資本コスト

（Weighted Average Cost of Capital、WACC/ワック）

$$WACC = \frac{D}{D+E} \times R_d + \frac{E}{D+E} \times R_e$$

$$= \frac{200}{200+600} \times 2\% + \frac{600}{200+600} \times 8\% \div 0.6 \ (=1-0.4)$$

$$\fallingdotseq 10.5\% \ (\text{税引前ベース})$$

D：借入金

E：自己資本

R_d：借入金利

R_e：株主資本コスト（税引前ベース）

(5) 矢印 (E) の解説

さてここで新規の設備・事業投資案件が出てきた場合、投資を行うかどうかはどのように判断すれば良いかを考えてみましょう。

投資後も貸借対照表の右側の資本構成（借入金と自己資本の比率）に大きな変化が生じない前提で考えます。新規投資によって現状の事業部ROA（10.5%）をさらに高めるような収益率が確保できるかどうかが決め手になります。新規投資によって増加する利益を投資額で割って計算する投資利益率（ROI）の目標値の設定です。

既存の事業部内における追加投資と、M&Aも含む新規事業投資とでは目標収益率も異なるでしょう。既存事業内での投資に対して、新規事業には実績がなく、リスクとリターンの範囲が相対的に読みにくいからです。不確実性を考慮するならば新規事業の必要収益率は高めに設定する方が望ましいと考えます。新たなリスクを追加することは新たな成長の芽となる可能性がありますが、予測不能な額の損失を生じさせる可能性も併せ持ちます。

設例では目標ROIを15%としています。15%か、12%か、あるいは20%に設定するかは個別事情を織り込んだ経営判断です。考慮することは現状の事業部ROA（10.5%）を長期・戦略的な事情がある場合を除いて、追加投資によって引き下げないこと。そして新規のリスクの程度に応じて必要収益率をプラス（加算）することです。

資本コストは投資意思決定や業績評価で極めて重要でありながら、経営現場でどう使って良いのか、どう解釈して良いのか、導入までの課題も多く、資本コストを組み入れた経営管理はほとんどの企業で現実には行われてこなかったでしょう。もっとも大きなハードルは経営者の理解です。ハードルレート設定の前にクリアにすべきハードルです。

本書ではできる限り多くの企業の現場で実践できるように、「株主資本コストとは何か」、「株主資本コストはどのように計算するのか」「資本コストを使って何ができるのか」について資本コストの本質、基本的な考え方から現実的な解釈と利用方法の一例をご紹介しました。

資本コストは管理会計面において設備投資や事業投資の意思決定基準となる収益（率）であり、また各事業部の業績評価基準となる目標収益率（ハードルレート）でもあります。経営管理の中枢に組み込まれ、意思決定・業績評価の中心的な役割が期待されるのが資本コストです。

さて、株主総会で、株主からこんな質問が出されたらどう答えましょうか。

「議長、株主資本コストをどうお考えか？」

回答例です。

「株主資本コストとは、株主の皆さまが期待される会社の利益であると認識しております。当社は株主の皆さまの利益を尊重し、予算や経営計画、設備・事業投資など経営のあらゆる場面で株主の皆さまの期待される利益を損ねることがないよう、また将来に向けてご期待以上の利益を生み出すべく実現可能な努力目標値としての資本コストを強く意識した経営を実践して参ります。その結果として、株主の皆さまにご満足いただける安定的・継続的な配当を続けていけるよう努力する所存です」

3　企業価値向上はなぜ必要なのか

❶　企業価値向上は永遠に変わらぬ企業の使命

企業価値向上はなぜ必要なのか。

価値を生み出せない会社は、価値の分配もできないからです。

生み出された価値は分配できます。分配は株主への分配となる配当金や自己株式の取得だけではありあせん。

従業員への分配、安定的・継続的な昇給やベースアップも、労働分配率を高めることなく（無理なく）できるのは、企業価値向上と併行してこそ実現できるのです。

価値向上を実現することで多用かつ充実した利益分配政策を実践でき、また事業領域の質・量の充実により従業員（価値向上の担い手）の活動領域を拡大し、働きがいや処遇の向上を実現させることも可能となります。

企業価値向上は、企業にとって常に変わらぬ目標であり、使命であると言えます。

❷ 企業価値向上はどのように実現するのか

企業価値評価も財産価値評価も考え方は同じです。回収額が評価の基本です。

たとえば、有価証券としての国債の価値評価を考えてみましょう。国債の財産価値は、国債を所有していることで将来に回収されるキャッシュフローの現在価値合計額となります。具体的には利息と元本の償還額が回収額です。

企業価値評価における回収額は、活動からの回収額、新たに生み出された価値であり、使用可能な価値でもあるフリーキャッシュフローです。

右頁の図を使って説明してみましょう。

企業価値は企業活動からの投資回収額により評価されます。投資回収額は企業の事業（本業）活動から得られる将来フリーキャッシュフローの現在価値合計額（事業価値）と、事業に直接使用されていない資産や財務運用資産の非事業資産価値（処分しても事業価値に影響を及ぼさない資産の時価評価額）の合計額で評価します。

図においては貸借対照表の左側合計額と企業価値の高さが同じに描かれていますが、企業価値向上を目指すと言うことは企業価値の高さを上に伸ばすことを意味します。

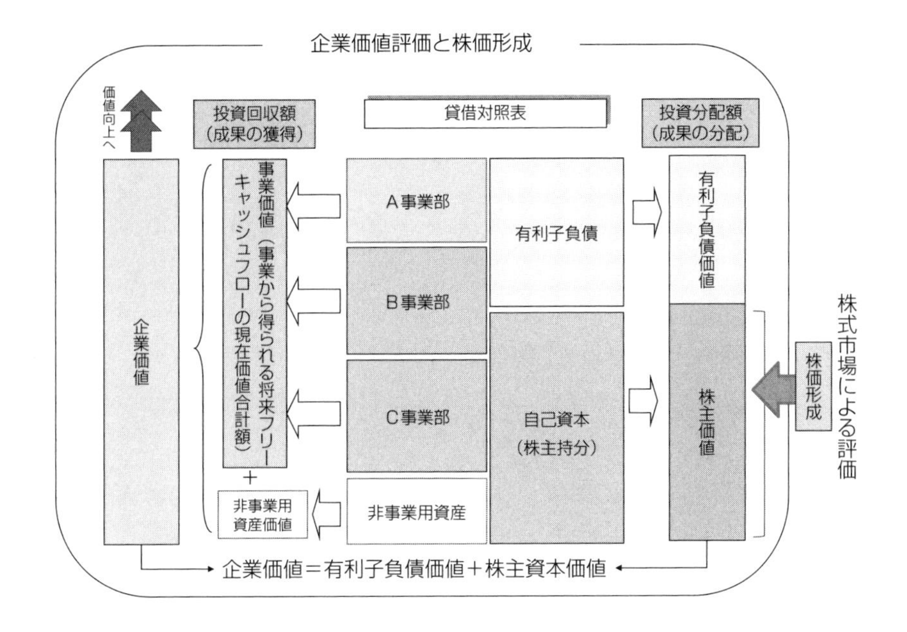

企業価値向上が実現すると（BS左側価値の向上）、その受益者は資本提供者となります（BS右側価値の向上）。有利子負債は原則として企業価値の動向によって返済条件など契約内容が変更となることはなく（BS左側の影響を受けることはなく）、企業価値向上は株主価値向上の要因になります。

上場企業において株主価値向上要因が生じたとしても、株価が上昇するとは限りません。別の評価がなされます。社内における評価とは別の市場による評価です。市場に評価されてはじめて価値向上の“実現”となります。

【著者略歴】

和田　正次（わだ　しょうじ）

公認会計士・税理士
国際公認投資アナリスト（CIIA）
日本証券アナリスト協会検定会員（CMA）

1956年岐阜県大垣市生まれ。早稲田大学商学部卒業後、大手監査法人、ウイリアム・エム・マーサー（現マーサー　ジャパン）を経て、和田公認会計士事務所開設、現在に至る。
日本公認会計士協会東京会経営委員会委員長、日本公認会計士協会学術賞審査委員等を歴任。経営・財務分野を中心に各社の指導、研修などで活躍中。
著書に『月次決算書の見方･説明の仕方』（税務研究会）､『Q&A　会計の基本 50』（日本経済新聞出版社）、『ニューディールな会計戦略』（日本経済新聞出版社）、『いまからはじめる「お金」づくりの本』（かんき出版）がある。

和田正次事務所ウェブサイト
http://www.wadacpa.com/

本書の内容に関するご質問は、ファクシミリ等、文書で編集部宛にお願いいたします。（fax 03-6777-3483）

なお、個別のご相談は受け付けておりません。

本書刊行後に追加・修正事項がある場合は、随時、当社のホームページ（https://www.zeiken.co.jp）にてお知らせいたします。

実践理解／管理会計の基本・経営改善のポイント

平成30年11月5日　初版第1刷印刷　（著者承認検印省略）
平成30年11月30日　初版第1刷発行

© 著　者　和　田　正　次
発行所　税務研究会出版局
代表者　山　根　毅
郵便番号100-0005
東京都千代田区丸の内1－8－2
鉄鋼ビルディング
振替00160-3-76223
電話〔書籍編集〕03(6777)3463
〔書店専用〕03(6777)3466
〔書籍注文〕（お客さまサービスセンター）03(6777)3450

● 各事業所　電話番号一覧 ●

北海道 011(221)8348　神奈川 045(263)2822　中　国 082(243)3720
東　北 022(222)3858　中　部 052(261)0381　九　州 092(721)0644
関　信 048(647)5544　関　西 06(6943)2251

当社 HP → https://www.zeiken.co.jp

乱丁・落丁の場合はお取替え致します。　印刷・製本　㈱光邦
ISBN978-4-7931-2404-4